SANRIO CHARACTERS

산리오캐릭터즈와 함께

매일 쓰는

중학 한자

김수경 지음

길벗
이지:톡

산리오캐릭터즈와 함께 매일 쓰는 중학 한자

Chinese Characters with Sanrio characters

초판 발행 · 2023년 4월 15일
초판 2쇄 발행 · 2024년 1월 15일

지은이 · 김수경
발행인 · 이종원
발행처 · (주)도서출판 길벗
브랜드 · 길벗이지톡
출판사 등록일 · 1990년 12월 24일
주소 · 서울시 마포구 월드컵로 10길 56(서교동)
대표 전화 · 02)332-0931 | 팩스 · 02)323-0586
홈페이지 · www.gilbut.co.kr | 이메일 · eztok@gilbut.co.kr

기획 및 책임편집 · 오윤희, 박정현(bonbon@gilbut.co.kr) | **제작** · 이준호, 이진혁, 김우식
마케팅 · 이수미, 최소영, 장봉석 | **영업관리** · 김명자, 심선숙 | **독자지원** · 윤정아

디자인 · 디자인이프 | **전산편집** · 조영라
CTP 출력 및 인쇄 · 금강인쇄 | **제본** · 금강인쇄

길벗이지톡은 길벗출판사의 성인어학서 출판 브랜드입니다.

• 잘못 만든 책은 구입한 서점에서 바꿔 드립니다.
• 이 책은 저작권법에 따라 보호받는 저작물이므로 무단전재와 무단복제를 금합니다.
• 이 책의 전부 또는 일부를 이용하려면 반드시 사전에 저작권자와 (주)도서출판 길벗의 서면 동의를 받아야 합니다.
• 책 내용에 대한 문의는 길벗 홈페이지(www.gilbut.co.kr) 고객센터에 올려 주세요.

ISBN 979-11-407-0343-2(03710)
(길벗 도서번호 301155)

ⓒ 김수경, 2023
© 2023 SANRIO CO., LTD.
정가 17,000원

독자의 1초까지 아껴주는 길벗출판사

(주)도서출판 길벗 | IT교육서, IT단행본, 경제경영서, 어학&실용서, 인문교양서, 자녀교육서 www.gilbut.co.kr
길벗스쿨 | 국어학습, 수학학습, 어린이교양, 주니어 어학학습, 학습단행본 www.gilbutschool.co.kr

페이스북 www.facebook.com/gilbuteztok
네이버 포스트 http://post.naver.com/gilbuteztok
유튜브 https://www.youtube.com/gilbuteztok

한자를 싫어하는 여러분께

"선생님, 한자를 왜 배워야 하나요? 한자 공부가 싫어요."

학생분들에게 자주 듣는 말입니다. 그럴 때마다 저는 이렇게 생각합니다.

'아직 한자의 매력을 모르는구나!'

제가 처음으로 한자에 관심을 갖게 된 건, 한자로 만들어진 제 이름 때문이었습니다. 뜻을 알고 나니 스토리가 있는 제 이름이 왠지 멋있고 자랑스럽게 느껴지더라고요. 단 두 글자만으로도 커다란 의미를 담을 수 있다니 참 신기했습니다. 그리고 한자 자체가 멋있지 않나요? 예를 들어 龍(용 용) 같은 글자는 예술작품을 보는 것 같습니다. 또한 직접 한 획 한 획 공들여 따라 써보면, 비록 연필이더라도 마음이 차분해지고요. 완성된 글자를 보면 뿌듯하답니다.

그런데 요즘 친구들은 한자만 싫어하는 것이 아니라, 단어도 어려워하더라고요. 그도 그럴 것이 우리말 단어의 50% 이상이 한자로 만들어진 것입니다. 교과서 속 어휘는 물론이고, 평소에 아무렇지도 않게 사용하고 있는 단어들도요. 한자의 뜻과 음만이라도 알고 있다면, 많은 과목에 등장하는 개념어를 쉽게 이해하고, 처음 보는 단어도 뜻을 추측할 수 있습니다. 교과서 밖의 지식 습득에도 도움이 되기에, 한자를 공부해 놓으면 여러분의 삶 전반에 큰 도움이 될 것입니다. 그래서 저는 여러분이 한자를 꼭 공부하면 좋겠다고 생각하고 있고, 그런 발판이 될 수 있는 좋은 한자책을 만들고 싶었습니다.

물론 한자 공부가 쉽지 않다는 것은 알고 있습니다. 그리고 당장 모든 한자를 정복하기에는 학습량이 매우 많을 거예요. 그래서 이 책은 교육부에서 선정한 중학교 교육용 기초 한자 900자를 기준으로 집필했는데요, 그 중에 예시 단어가 없을 정도로 잘 쓰지 않는 한자는 과감히 제거하거나, 분량을 최소화했습니다. 시작하기 전에 '이렇게 많은 한자를 언제 다 외우지?'라고 생각하기보다는, 한자가 어디에 도움이 되는지를 알고 매력을 알고 있다면 학습이 조금 더 즐거워질 거예요!

제가 사랑하는 한자가 여러분께도 매력적으로 다가가길 바라며.

김수경 드림

한자를 쓰는 순서에 대하여

한자는 쓰는 순서가 정해져 있습니다. 이를 획순이라고 합니다.
한자를 쓸 때 획순을 알려주는 이유는 이렇습니다.

1 정확하고 예쁘게 쓸 수 있기 때문입니다.

2 매끄럽고 편하게 쓸 수 있어서 한자 쓰기가 덜 피로합니다.

3 비슷한 모양이거나 같은 부수를 포함하고 있는 경우,
     같은 패턴이기 때문에 조금 더 외우기 쉬워집니다.

이러한 이유로 한자를 쓰는 순서를 지키면 좋습니다.

한자 쓰기의 규칙은 이렇습니다.

1 위에서 아래로

2 왼쪽에서 오른쪽으로

3 교차할 땐 가로 먼저

4 좌우가 같은 모양이면 가운데 먼저

4

5 둘러싼 모양은 바깥쪽 먼저

丿 几 月 月

6 *삐침과 *파임이 만날 때는 삐침 먼저

丿 丿 八 父 父

*삐침 별(丿), 파일 불(乀)

7 가운데를 뚫는 획은 마지막에

丨 冂 口 口 中

8 받침은 기본적으로 맨 마지막에

亻 隹 進

9 오른쪽 위의 점은 맨 마지막에

一 ナ 大 犬

10 아래의 점도 맨 마지막에

一 ナ 大 太

그렇지만 **획순을 꼭 지켜야 하는 것은 아닙니다.**
획순을 외우느라 한자를 익히는 데 방해가 되고, 한자 공부에
흥미를 잃게 된다면 그게 더 손해입니다. 그런 경우엔 모르는 게 낫습니다.
획순에 얽매이지 않고 본인에게 가장 효율적인 방법으로 쓰면 됩니다.
한자 공부는 즐겁게 하는 것이 가장 중요합니다!

목차

SANRIO CHARACTERS

1단계
순한맛 한자

1단계 순한맛 한자에서는 '월화수목금토일'과 같이 우리가 일상에서
정말로 자주 마주쳐서 꼭 알아야 하는 한자를 배웁니다.
혹시 2단계와 3단계를 가지 못하더라도 이것만은 알고 가세요!

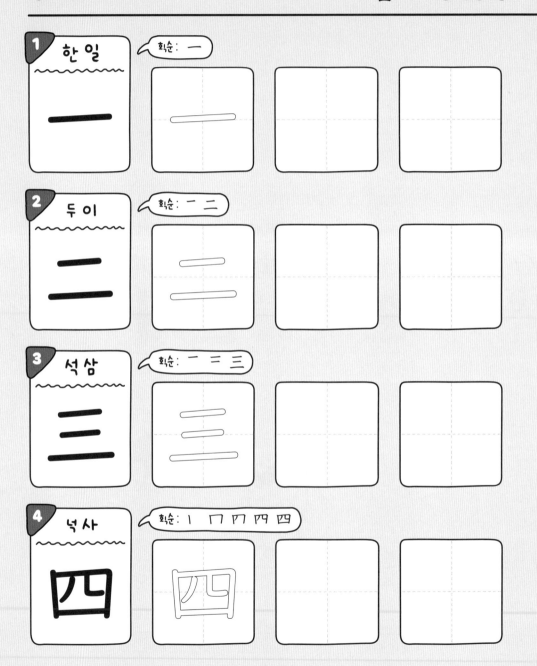

1 한 일 — 획순 : 一

一

2 두 이 — 획순 : ㅡ 二

二

3 석 삼 — 획순 : ㅡ 二 三

三

4 넉 사 — 획순 : ㅣ 冂 冂 四 四

四

5 다섯 오
획순: 一 丁 五 五
五

6 여섯 육
획순: 丶 亠 六 六
六

7 일곱 칠
획순: 一 七
七

8 여덟 팔
획순: ノ 八
八

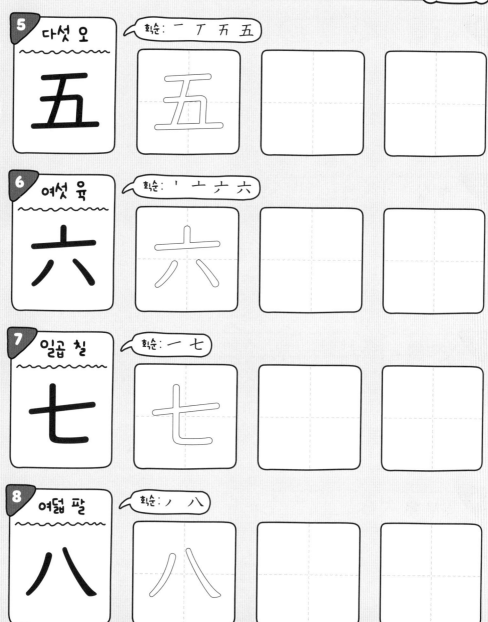

2 일차

1 아홉 구
획순: ノ 九
九 九

2 열 십
획순: 一 十
十 十

3 일백 백
획순: 一 丆 丆 石 百 百
百 百

4 일천 천
획순: 一 二 千
千 千

5 일만 만

획순: 一 艹 芍 芍 芦 芦 莒 莒 萬 萬 萬

萬

萬

6 억 억

획순: 丿 亻 亻 仵 仵 倍 倍 倍 億 億 億

億

億

7 조 조

획순: 丿 刂 リ 扎 兆 兆

兆

兆

3 일차

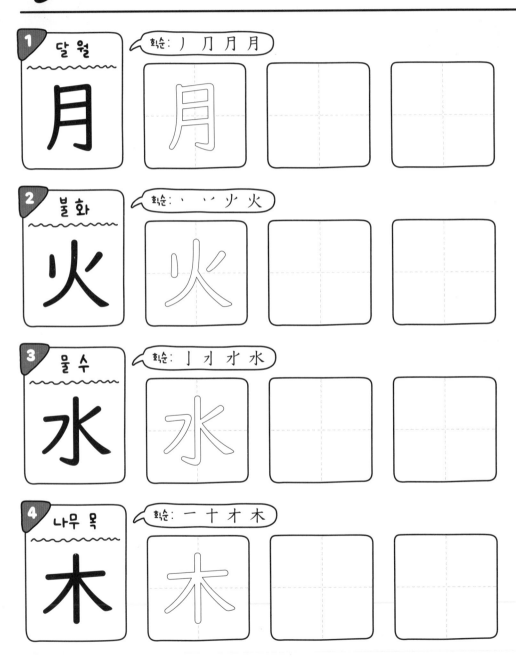

1 달 월
획순: ﾉ 几 月 月

月

2 불 화
획순: 丶 丶 丷 火

火

3 물 수
획순: 亅 刀 水 水

水

4 나무 목
획순: 一 十 才 木

木

5 쇠 금

金

획순: ノ 人 스 仐 仐 仐 余 金

金

---

6 흙 토

土

획순: 一 十 土

土

---

7 날 일

日

획순: 丨 几 月 日

日

4일차

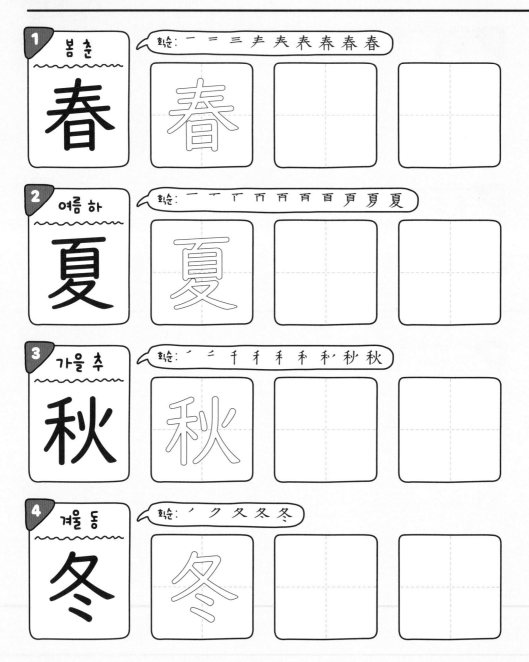

1 봄 춘
획순: 一 二 三 丰 夫 表 春 春 春

春

2 여름 하
획순: 一 一 丆 丙 丙 百 百 頁 夏 夏

夏

3 가을 추
획순: 一 二 千 千 禾 禾 秒 秋 秋

秋

4 겨울 동
획순: 丿 勹 夂 冬 冬

冬

5 동녘 동

획순: 一 ｢ 闩 盲 亘 車 東 東

東

東

6 서녘 서

획순: 一 ｢ 丌 丙 西 西

西

西

7 남녘 남

획순: 一 十 卄 内 内 南 南 南 南

南

南

8 북녘 북

획순: ｜ ｜ 二 ｜ 北

北

北

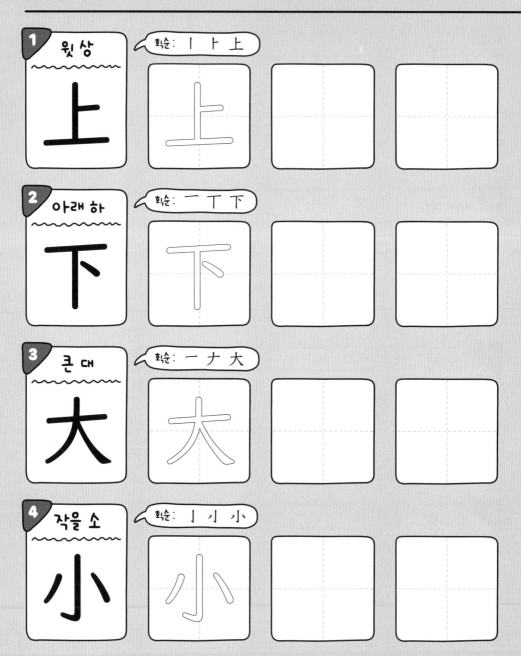

1 윗 상

획순: ㅣ 卜 上

上

2 아래 하

획순: 一 丅 下

下

3 큰 대

획순: 一 ナ 大

大

4 작을 소

획순: ㅣ 亅 小

小

5 여자 녀

획순: 人 女 女

女 女

6 남자 남

획순: 丨 冂 冂 用 田 甲 男

男 男

7 있을 유

획순: ノ ナ 右 右 有 有

有 有

8 없을 무

획순: ノ ㅌ ㅌ 仁 冇 無 無 無 無 無 無 無

無 無

1 다음 한자의 뜻을 괄호 안에 넣어, 한자를 완성해 볼까요?

예 大
(큰)대

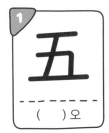

1 五
( )오

2 木
( )목

3 小
( )소

4 有
( )유

5 冬
( )동

2 다음 한자의 음을 괄호 안에 넣어, 한자를 완성해 볼까요?

예 大
큰(대)

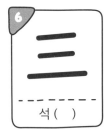

6 三
석( )

7 土
흙( )

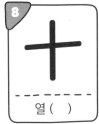

8 十
열( )

9 南
남녘( )

10 無
없을( )

3 다음 빈칸에 들어가면 자연스러운 한자를 보기에서 골라 주세요.

> 大 金 上 火 九 夏 日 女 北

11 男 ⇔ (　　)

12 (　　) ⇔ 下

13 月 ⇨ 水 ⇨ (　　)

14 東 ⇨ 西 ⇨ 南 ⇨ (　　)

15 春 ⇨ (　　) ⇨ 秋 ⇨ 冬

4 다음 한자를 한글로 바꿔 주세요.

16 十六 ⇨

17 八百 ⇨

18 千萬 ⇨

19 四億 ⇨

20 七兆 ⇨

"계묘년", "검은 토끼의 해" 같은 말을 들어본 적이 있나요? 우리나라는 예로부터 **'간지(干支)'** 라는 것으로 연도 표기를 해왔습니다. 간지는 십간(十干)과 십이지(十二支)를 조합하여 만든 60개의 순서예요. 그리고 십간과 십이지는 각각 색깔과 동물을 의미하기도 하는데요, 아래의 표를 함께 볼까요?

간지(干支) *육십갑자(六十甲子)라고도 합니다.

십간(十干) *천간(天干)이라고도 합니다.

甲	乙	丙	丁	戊	己	庚	辛	壬	癸
갑	을	병	정	무	기	경	신	임	계
파란색		빨간색		노란색		흰색		검은색	

십이지(十二支) *지지(地支)라고도 합니다.

子	丑	寅	卯	辰	巳	午	未	申	酉	戌	亥
자	축	인	묘	진	사	오	미	신	유	술	해
쥐	소	호랑이	토끼	용	뱀	말	양	원숭이	닭	개	돼지

십간과 십이지가 조합되어 하나의 간지가 만들어집니다. 예를 들어, 십간의 첫 번째인 '갑(甲)'과 십이지의 첫 번째의 '자(子)'를 조합한 첫 번째 연도는 '갑자(甲子)년'인데요 다음 해에는, 십간의 두 번째인 '을(乙)'과 십이지의 두 번째인 '축(丑)'이 결합하여 '을축(乙丑)년'이 됩니다. 마지막 60번째 조합은 '계해(癸亥)년'이 되는데, 이렇게 한 바퀴를 다 돌고 나면, '갑자(甲子)년'부터 다시 시작하게 됩니다.

퀴즈!

2023년은 검은 토끼의 해, 계묘년(癸卯年)입니다.
2024년은 푸른 용의 해, 갑진년(甲辰年)입니다.
2025년은 푸른 뱀의 해, 을사년(乙巳年)입니다.
그렇다면 2026년은 어떤색 동물의 무슨 해일까요?

답 : 붉은 말의 해, 병오년(丙午年)

2단계
중간맛 한자

2단계 중간맛 한자에서는 다른 한자의 기초가 되는
비교적 난이도가 쉬운 한자들을 배우게 됩니다.
하루에 12개의 한자를 딱 4번씩만 써보아요!

1 사람 인

人

회순: ノ 人

단어 ▸ 인간(人間): 사람.

2 들 입

入

회순: ノ 入

단어 ▸ 입학(入學): 학교에 들어감.

3 칼 도

刀

회순: フ 刀

단어 ▸ 면도(面刀): 얼굴에 있는 잔털이나 수염을 깎는 일.

4 힘 력

力

회순: フ 力

단어 ▸ 전력(全力): 모든 힘.

5 입 구

口

회순: ㅣ ㅁ 口

단어 ▸ 인구(人口): 한 나라 또는 일정 지역에 사는 사람의 총수.

6 몸 기

己

회순: フ ㄱ 己

단어 ▸ 자기(自己): 제 자신. 나.

7 선비 사

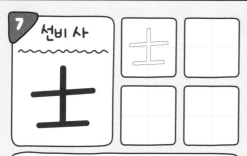

획순: 一 十 士

단어 명사(名士): 이름난 선비. 또는 세상에 널리 알려진 사람.

8 장인 공

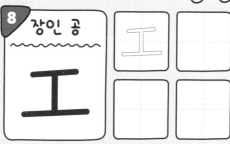

획순: 一 丅 工

단어 공부(工夫): 학문이나 기술을 닦는 일.

9 활 궁

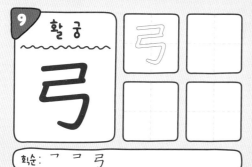

획순: 一 フ 弓

단어 양궁(洋弓): 서양식으로 만든 활. 또는 그 활로 겨루는 경기.

10 방패 간

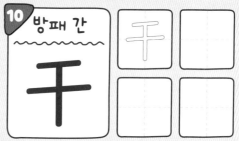

획순: 一 二 干

단어 간척(干拓): 바다나 호수 주위에 둑을 쌓고 그 안의 물을 빼내어 육지나 경지로 만듦.

11 무릇 범

획순: 丿 几 凡

단어 평범(平凡): 뛰어난 점이 없이 보통임.

12 재주 재

획순: 一 十 才

단어 천재(天才): 선천적으로 타고난 뛰어난 재주. 또는 그런 재능을 가진 사람.

7일차

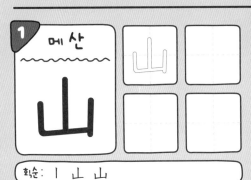

1 메 산

획순: ㅣ 山 山

단어 산림(山林): 산과 숲

2 내 천
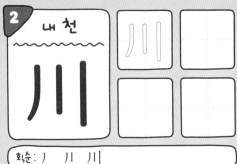

획순: ノ 川 川

단어 하천(河川): 강과 시내.

3 아들 자
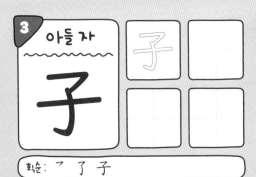

획순: 丁 了 子

단어 **자회사(子會社):** 다른 회사와 자본적 관계를 맺어 그 회사의 지배 아래에 있는 회사.

4 저녁 석
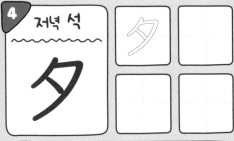

획순: ノ ク 夕

단어 **석양(夕陽):** 저녁때의 햇빛. 또는 저녁때의 저무는 해.

5 마디 촌
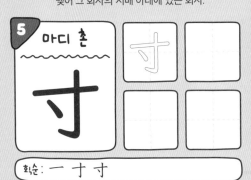

획순: 一 十 寸

단어 **사촌(四寸):** 어버이의 친형제, 자매의 아들이나 딸.

6 오랠 구

획순: ノ ク 久

단어 **영구(永久):** 어떤 상태가 시간상으로 무한히 이어짐.

7 망할 망

亡

획순: `丶 亠 亡`

단어 사망(死亡): 사람이 죽음.

8 흉할 흉

凶

획순: `丿 乂 㐅 凶`

단어 흉년(凶年): 곡식 따위 산물이 잘되지 아니하여 굶주리게 된 해.

9 마음 심

心

획순: `丶 心 心 心`

단어 양심(良心): 어떤 행위에 대하여 옳고 그름, 선과 악을 구별하는 도덕적 의식이나 마음씨.

10 사나이 부

夫

획순: `一 二 扌 夫`

단어 농부(農夫): 농사를 짓는 사람.

11 아버지 부

父

획순: `丶 丷 丿 父`

단어 조부(祖父): 할아버지.

12 임금 왕

王

획순: `一 二 千 王`

단어 왕조(王朝): 같은 왕가에서 차례로 왕위에 오르는 왕들의 계열. 또는 그 왕가가 다스리는 동안.

8 일차

1 벗 우

友

획순: 一 ナ 方 友

단어 ▸ **우애(友愛)**: 형제 사이의 형제간 또는 친구 간의 정이나 사랑.

2 하늘 천

天

획순: 一 二 于 天

단어 ▸ **천연(天然)**: 사람의 힘을 가하지 않은 상태.

3 으뜸 원

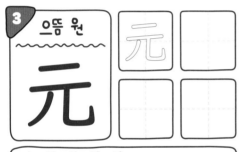

元

획순: 一 二 テ 元

단어 ▸ **원소(元素)**: 화학적 수단으로는 그 이상 더 분해할 수 없는 물질.

4 낮 오

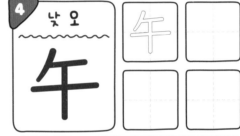

午

획순: ノ ト 仁 午

단어 ▸ **정오(正午)**: 낮 열두 시.

5 소 우

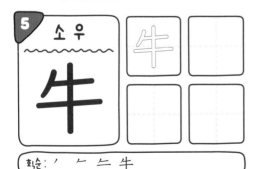

牛

획순: ノ ト 仁 牛

단어 ▸ **흑우(黑牛)**: 털빛이 검은 소.

6 개 견

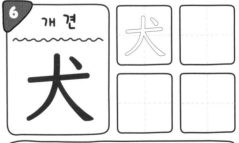

犬

획순: 一 ナ 大 犬

단어 ▸ **충견(忠犬)**: 주인에게 충실한 개.

7 터럭 모

毛

획순: ´ ⼆ ⼆ 毛

단어 탈모(脫毛): 털이 빠짐.

8 손 수

手

획순: ´ ⼆ ⼆ 手

단어 수수료(手數料): 어떠한 일을 돌보아 준 데 대한 보수.

9 글월 문

文

획순: ' ⼆ ナ 文

단어 산문(散文): 글자의 수나 운율의 제한이 없이 자유롭게 기술하는 보통의 문장.

10 모 방

方

획순: ' ⼆ ⽅ 方

단어 방침(方針): 앞으로 일을 치러 나갈 방향과 계획.

11 이제 금

今

획순: ノ ⼈ ⼊ 今

단어 금일(今日): 오늘.

12 공평할 공

公

획순: ノ ⼋ 公 公

단어 공정(公正): 공평하고 올바름.

9 일차

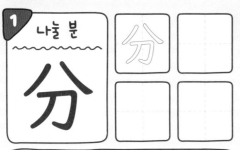

1 나눌 분

分

획순: ノ 八 今 分

(단어) **분석(分析)**: 어떤 사물을 이루고 있는 각 성분, 요소를 갈라냄.

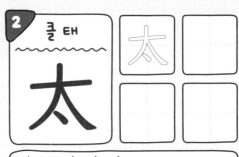

2 클 태

太

획순: 一 ナ 大 太

(단어) **태반(太半)**: 절반 이상. 보통 3분의 2 이상을 가리킴.

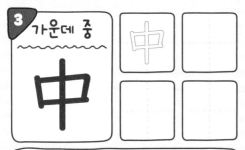

3 가운데 중

中

획순: 丨 口 口 中

(단어) **중립(中立)**: 어느 쪽에도 치우치지 않고 공정함.

4 적을 소

少

획순: 丿 小 小 少

(단어) **희소(稀少)**: 매우 드물고 적음.

5 집 호

戶

획순: 一 ㄹ ㅋ 戶

(단어) **가가호호(家家戶戶)**: 집집마다, 모든 집에.

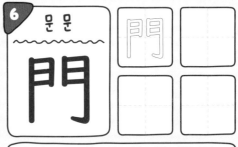

6 문 문

門

획순: 丨 冂 冂 冂 門 門 門 門

(단어) **관문(關門)**: 국경이나 요새의 성문. 또는 어떤 일을 하기 위하여 반드시 거쳐야 하는 대목.

7 끌 인

引

획순 : ㄱ ㄱ 弓 引

단어 **인용(引用):** 다른 글 가운데서 문장, 사례 등을 끌어 씀.

8 그칠 지

止

획순 : ㅣ ㅏ 止 止

단어 **방지(防止):** 어떤 일이나 현상이 일어나지 못하게 막음.

9 조각 편

片

획순 : ノ ノ 广 片

단어 **편도(片道):** 가고 오는 길 중 어느 한 쪽.

10 아닐 불 /아니 부

不

획순 : 一 フ イ 不

단어 **불가(不可):** 옳지 않은 것. 어떤 일을 해서는 안되는 상태에 있는 것.

11 돌이킬 반

反

획순 : 一 厂 反 反

단어 **반영(反映):** 어떤 영향을 받아 사실로 나타냄.

12 견줄 비

比

획순 : 一 ヒ ヒ 比

단어 **비중(比重):** 다른 사물과 견주어지는 사물의 중요성.

10일차

1 어질 인

仁

획순: ノ イ 仁 仁

단어 ▶ **살신성인(殺身成仁):** 다른 사람을 위해 자기의 몸을 희생함.

2 가로 왈

日

획순: ｜ 冂 日 日

단어 ▶ **왈가왈부(曰可曰否):** 어떤 일에 대해 좋으니 나쁘니 하고 떠들어댐.

3 이를 운

云

획순: 一 二 亏 云

단어 ▶ **운운(云云):** 글이나 말을 인용 또는 생략할 때에 '이러이러하다고 말함'의 뜻으로 하는 말.

4 섬길 사

仕

획순: ノ イ 仁 什 仕

단어 ▶ **근로봉사(勤勞奉仕):** 공공의 이익을 위하여 봉사로 하는 근로.

5 갈 지

之

획순: ﾉ 丶 ﾗ 之

단어 ▶ **무아지경(無我之境):** 정신이 한곳에 온통 쏠려 스스로를 잊고 있는 경지.

6 자 척

尺

획순: ﾂ ﾗ 尸 尺

단어 ▶ **척도(尺度):** 자로 잰 길이. 계량의 표준.

7 미칠 급

及

획순: ノ ア 乃 及

단어 → **언급(言及)**: 어떤 일과 관련하여 말함.

8 우물 정

井

획순: 一 二 ヰ 井

단어 → **정화수(井華水)**: 첫새벽에 길은 우물물.

9 이름 명

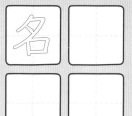

名

획순: ノ ク タ タ 名 名

단어 → **익명(匿名)**: 이름을 숨김. 또는 숨긴 이름이나 그 대신 쓰는 이름.

10 될 화

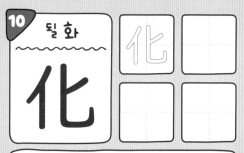

化

획순: ノ イ イ 化

단어 → **진화(進化)**: 일이나 사물 따위가 점점 발달하여 감.

11 짝 필

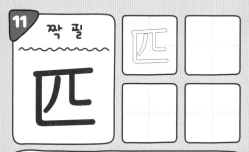

匹

획순: 一 丁 兀 匹

단어 → **필적(匹敵)**: 능력이나 세력이 서로 어슷비슷함.

12 성씨 씨

氏

획순: ノ 厂 乍 氏

단어 → **성씨(姓氏)**: 성을 높여 부르는 말.

11 일차

1 붉을 단

丹

획순: ㇐ ㇆ 刀 丹

단어: **일편단심(一片丹心):** 한결같은 참된 정성, 변치 않는 참된 마음을 이름.

2 흰 백

白

획순: ㇒ ㇒ 白 白 白

단어: **고백(告白):** 숨긴 일이나 생각한 바를 사실대로 솔직하게 말함.

3 바를 정

正

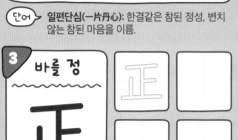

획순: ㇐ ㇀ 下 正 正

단어: **정의(正義):** 진리에 맞는 올바른 도리.

4 평평할 평

平

획순: ㇐ ㇆ 罒 平 平

단어: **평정심(平靜心):** 감정의 기복이 없이 평안하고 고요한 마음.

5 반 반

半

획순: ㇔ ㇒ ㅛ ㅛ 半

단어: **과반수(過半數):** 절반이 넘는 수.

6 클 거

巨

획순: ㇐ ㇆ 戸 戸 巨

단어: **거대(巨大):** 엄청나게 큼.

7 바깥 외

외

획순: ノ ク タ タ 外 外

단어 → **외부(外部)**: 바깥쪽.

8 날 출

出

획순: 丨 屮 屮 出 出

단어 → **일출(日出)**: 해가 돋음. 해돋이.

9 안 내

內

획순: 丨 冂 冈 內

단어 → **내복약(內服藥)**: 바르거나 주사하는 것이 아니라 먹어서 병을 치료하는 약.

10 끝 말

未

획순: 一 二 キ 未 未

단어 → **결말(結末)**: 끝장, 일을 맺는 끝.

11 왼 좌

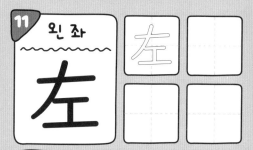

左

획순: 一 ナ 广 左 左

단어 → **좌지우지(左之右之)**: 어떤 일이나 대상을 제 마음대로 처리하거나 다루는 것.

12 오른 우

右

획순: ノ ナ 大 右 右

단어 → **우왕좌왕(右往左往)**: 오른쪽으로 갔다 왼쪽으로 갔다하며 종잡지 못함.

12 일차

1 근본 본

本

획순: 一 十 才 木 本

단어 → 근본(根本): 어떤 것의 본질로 되거나 어떤 것이 이루어지는 바탕.

2 말미암을 유
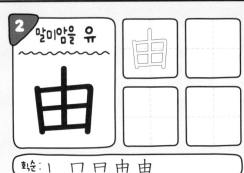

由

획순: 丨 冂 日 由 由

단어 → 자유(自由): 남의 구속을 받지 않고, 자기 마음대로 함.

3 써 이
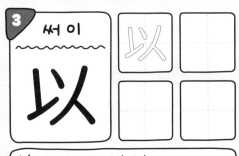

以

획순: 丨 𠃌 ㇋ 以 以

단어 → 이외(以外): 일정한 범위나 한도의 밖.

4 옳을 가
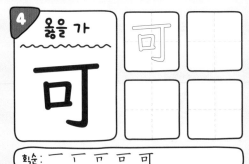

可

획순: 一 丆 冂 可 可

단어 → 가능(可能): 할 수 있거나 될 수 있음.

5 반드시 필
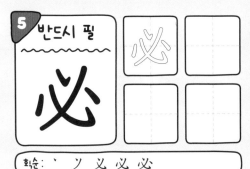

必

획순: 丶 丿 必 必 必

단어 → 필요(必要): 없어서는 아니 됨.

6 달 감
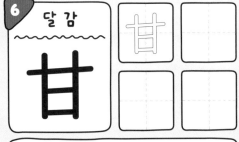

甘

획순: 一 十 卄 甘 甘

단어 → 감수(甘受): 군말 없이 달게 받음.

7 대신 대

代

획순: ノ 亻 亻 代 代

단어 **대표(代表)**: 전체의 상태나 성질을 어느 하나로 잘 나타내는 일.

8 쓸 용

用

획순: ノ 刀 月 月 用

단어 **사용(使用)**: 물건을 씀.

9 잃을 실

失

획순: ノ 仁 一 失

단어 **과실(過失)**: 부주의로 인하여 생긴 잘못이나 허물.

10 더할 가

加

획순: フ カ カ 加 加

단어 **가감(加減)**: 더하거나 빼는 일. 또는 그렇게 하여 알맞게 맞추는 일.

11 칠 타

打

획순: 一 十 扌 扌 打

단어 **타작(打作)**: 곡식의 알을 떨어서 그 알을 거두는 일.

12 갈 거

去

획순: 一 十 土 去 去

단어 **과거(過去)**: 지나간 때.

1 다음 한자의 뜻을 괄호 안에 넣어, 한자를 완성해 볼까요?

(큰) 대

( ) 력

( ) 흉

( ) 공

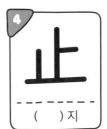
( ) 지

( ) 정

2 다음 한자의 음을 괄호 안에 넣어, 한자를 완성해 볼까요?

큰 (대)

재주 ( )

오랠 ( )

개 ( )

견줄 ( )

반드시 ( )

3 다음 빈칸에 들어가면 자연스러운 한자를 보기에서 골라 주세요.

①白 ②方 ③中 ④工 ⑤日 ⑥寸 ⑦失 ⑧毛

11 열심히 █부한 덕분에 시험을 잘 봤다.   답 :

12 명절이라 오랜만에 사█ 형제들이 모였다.   답 :

13 최근 극심한 스트레스로 탈█가 심해졌다.   답 :

14 심판은 경기에서 █립을 지켜야 한다.   답 :

15 좋아하는 선배에게 드디어 고█받았다.   답 :

4 밑줄 친 한자를 한글로 바꿔 주세요.

예 그는 눈에 잘 띄지 않는 <u>平凡</u>한 사람이다.   답 : 평범

16 사고의 원인은 양쪽 모두의 <u>過失</u>로 밝혀졌다.   답 :

17 그는 늘 <u>平靜心</u>을 잃지 않고 침착하게 행동한다.   답 :

18 출석률은 성실도를 판단하는 <u>尺度</u>가 된다.   답 :

19 <u>散文</u> 형식의 문학에는 수필과 소설이 있다.   답 :

20 신사업 추진을 위해 <u>子會社</u>를 설립했다.   답 :

13 일차

1 설 립

立

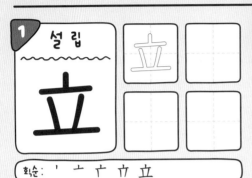

획순: ' ㅗ ㅗ 立 立

단어 ▶ 입장(立場): 처하여 있는 사정이나 형편.

2 보일 시

示

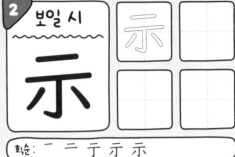

획순: ㅡ ㅡ 〒 示 示

단어 ▶ 표시(表示): 겉으로 드러내 보임.

3 알릴 신

申

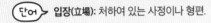

획순: l 冂 曰 曰 申

단어 ▶ 신청(申請): 신고하여 청구함.

4 하여금 령

令

획순: ノ 人 스 今 令

단어 ▶ 명령(命令): 윗사람이 아랫사람에게 무엇을 하도록 시킴.

5 길 영

永

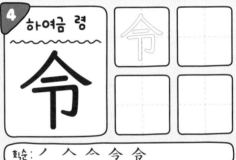

획순: ` ㇉ 永 永 永

단어 ▶ 영원(永遠): 앞으로 오래도록 변함없이 계속됨.

6 공 공

功

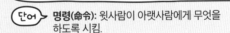

획순: ㅡ 丁 工 巧 功

단어 ▶ 성공(成功): 뜻한 것이 이루어짐.

7 역사 사

史

획순: 丨 ㄇ 口 史 史

단어 **국사(國史):** 한 나라의 역사.

8 다를 타

他

획순: 丿 亻 仂 他 他

단어 **타인(他人):** 다른 사람. 남.

9 인간 세

世

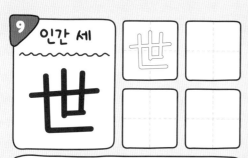

획순: 一 十 廾 廿 世

단어 **세계(世界):** 온 세상.

10 신선 선

仙

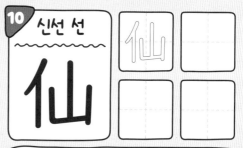

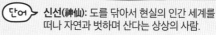

획순: 丿 亻 仆 仙 仙

단어 **신선(神仙):** 도를 닦아서 현실의 인간 세계를 떠나 자연과 벗하며 산다는 상상의 사람.

11 주인 주 / 임금 주

主

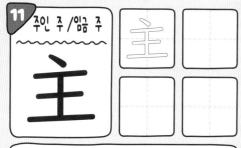

획순: 丶 亠 亖 主 主

단어 **주제(主題):** 대화나 연구 따위에서 중심이 되는 문제.

12 백성 민

民

획순: ㄱ コ 巳 巳 民

단어 **국민(國民):** 국가를 구성하는 사람.

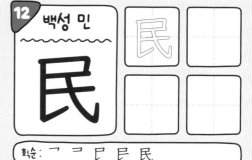

14일차

학습일 ○월 ○일

1 어머니 모

母

획순: ㄥ 𠂆 母 母 母

단어 **부모(父母):** 아버지와 어머니.

2 맏 형

兄

획순: 丨 口 口 尸 兄

단어 **호형호제(呼兄呼弟):** 썩 가까운 벗의 사이에 형이니 아우니 하고 서로 부름.

3 날 생

生

획순: 丿 𠂉 𠂉 牛 生

단어 **생면부지(生面不知):** 서로 한 번도 만난 적이 없어서 전혀 알지 못하는 사람.

4 어릴 유

幼

획순: ㄑ 幺 幺 幻 幼

단어 **유년(幼年):** 어린 나이나 때.

5 옛 고

古

획순: 一 十 𠂇 古 古

단어 **고금(古今):** 옛날과 오늘.

6 저자 시

市

획순: ˋ 亠 亠 冂 市

단어 **시내(市內):** 도시의 안. 도시의 중심가.

7 글귀 구

句

획순: ノ ク ㇆ 句 句

단어 ▶ 문구(文句): 글의 구절.

8 책 책

冊

획순: ㅣ 冂 冂 冊 冊

단어 ▶ 공책(空冊): 글씨를 쓰거나 그림을 그리도록 백지로 매어 놓은 책.

9 구슬 옥

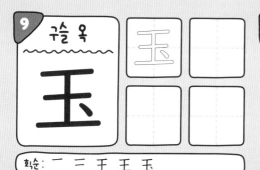

玉

획순: 一 二 干 王 玉

단어 ▶ 옥색(玉色): 약간 파르스름한 빛깔.

10 얼음 빙

氷

획순: ㅣ ㇉ ㇌ 氷 氷

단어 ▶ 빙하(氷河): 얼음이 얼은 큰 강.

11 기와 와

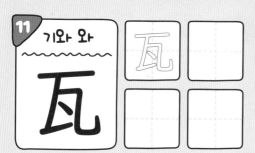

瓦

획순: 一 丆 瓦 瓦 瓦

단어 ▶ 청와(靑瓦): 청기와. 푸른 빛깔의 매우 단단한 기와.

12 돌 석

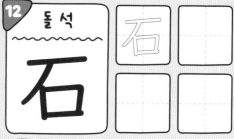

石

획순: 一 丆 丆 石 石

단어 ▶ 낙석(落石): 산 위나 벼랑 따위에서 돌이 떨어짐.

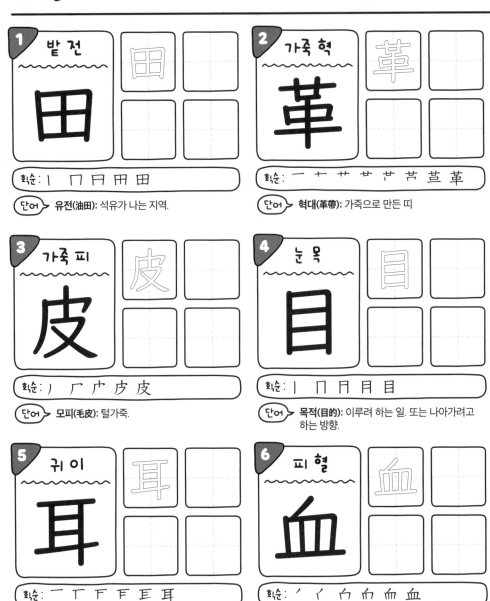

1 밭 전

田

획순: 丨 冂 冂 田 田

단어▸ 유전(油田): 석유가 나는 지역.

2 가죽 혁

革

획순: 一 十 廾 世 苩 苩 莒 革

단어▸ 혁대(革帶): 가죽으로 만든 띠

3 가죽 피

皮

획순: 丿 厂 广 皮 皮

단어▸ 모피(毛皮): 털가죽.

4 눈 목

目

획순: 丨 冂 冃 月 目

단어▸ 목적(目的): 이루려 하는 일. 또는 나아가려고 하는 방향.

5 귀 이

耳

획순: 一 丁 r F F 耳 耳

단어▸ 이목(耳目): 귀와 눈. 또는 남들의 주의.

6 피 혈

血

획순: 丿 丶 ́ 白 血 血

단어▸ 심혈(心血): 심장의 피. 또는 온 정신.

7 고기 육

肉

획순: ㅣ 冂 内 內 肉 肉

단어 **혈육(血肉):** 피와 살. 또는 부모, 자식, 형제 따위의 한 혈통으로 이어진 육친.

8 양 양

羊

획순: ㆍ ㆍ ᅭ ᅭ ᅭ 羊

단어 **양모(羊毛):** 양의 털.

9 쌀 미

米

획순: ㆍ ㆍ ㆍ ㆍ 半 米 米

단어 **백미(白米):** 흰 쌀.

10 혀 설

舌

획순: ㆍ ㆍ 千 舌 舌 舌

단어 **구설수(口舌數):** 남과 시비하거나 남에게서 헐뜯는 말을 듣게 될 운수.

11 땅 지

地

획순: 一 十 土 圡 圠 地

단어 **천지(天地):** 하늘과 땅. 또는 대단히 많음.

12 강 강

江

획순: ㆍ ㆍ ㆍ 氵 汀 江 江

단어 **강촌(江村):** 강가에 있는 마을.

16 일차

1 대나무 죽
竹

획순: ノ 𠂆 ヶ 竻 竹 竹

단어 **우후죽순(雨後竹筍):** 비가 온 뒤에 여기저기 솟는 죽순이라는 뜻으로, 어떤 일이 한때에 많이 생겨남을 비유적으로 이르는 말.

2 집 우
宇

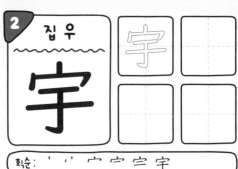

획순: ' 宀 宀 宀 宇 宇

단어 **우주(宇宙):** 무한한 시간과 만물을 포함하고 있는 끝없는 공간의 총체.

3 집 택/댁 댁
宅

획순: ' 宀 宀 宅 宅 宅

단어 **주택(住宅):** 살림살이를 할 수 있도록 지은 집. 사람이 살 수 있도록 지은 집.

4 절 사
寺

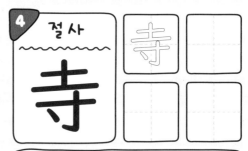

획순: 一 十 土 寺 寺 寺

단어 **사원(寺院):** 절이나 암자.

5 옷 의
衣

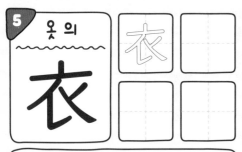

획순: ' 亠 ナ 衣 衣 衣

단어 **의복(衣服):** 옷.

6 다시 재
再

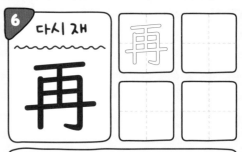

획순: 一 ㅜ 冂 百 再 再

단어 **재차(再次):** 또다시. 거듭하여 다시.

7 같을 여

如

획순: ㄑ ㄠ 女 如 如 如

단어 **여간(如干)**: 얼마 되지 아니함.

8 바쁠 망

忙

획순: ㆍ ㆍ ㆍ ㆍ 忙 忙

단어 **공사다망(公私多忙)**: 공적인 일, 사적인 일로 매우 바쁨.

9 다닐 행

行

획순: ㆍ ㆍ ㆍ 行 行 行

단어 **보행(步行)**: 사람이 두 다리로 걸어가거나 걸어오는 것.

10 향할 향

向

획순: ㆍ ㆍ 向 向 向 向

단어 **의향(意向)**: 마음이 향하는 바. 또는 무엇을 하려는 생각.

11 이를 지

至

획순: ㆍ ㆍ ㆍ ㆍ 至 至

단어 **동지(冬至)**: 이십사절기의 하나. 일 년 중 낮이 가장 짧고 밤이 가장 긴 날.

12 굽을 곡

曲

획순: ㆍ ㆍ ㆍ ㆍ 曲 曲

단어 **곡해(曲解)**: 사실을 옳지 않게 해석함.

17 일차

1 돌아올 회

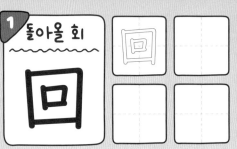

回

획순: 丨 冂 冂 冋 回 回

단어 ➔ **회답(回答):** 물음이나 편지 따위에 반응함.

2 온전할 전

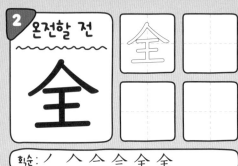

全

획순: 丿 人 仝 仐 全 全

단어 ➔ **보전(保全):** 온전하게 보호하여 유지함.

3 있을 존

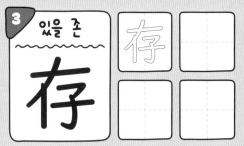

存

획순: 一 ナ 才 存 存 存

단어 ➔ **존재(存在):** 현실에 실제로 있음.

4 있을 재

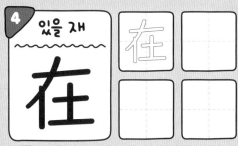

在

획순: 一 ナ 才 在 存 在

단어 ➔ **부재(不在):** 그곳에 있지 아니함.

5 거둘 수

收

획순: 丨 丩 丩 收 收 收

단어 ➔ **수지(收支):** 수입과 지출을 아울러 이르는 말.

6 지탱할 지

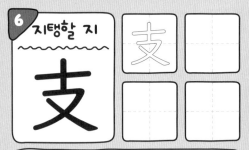

支

획순: 一 十 支 支

단어 ➔ **지지(支持):** 특정한 개인이나 단체 등의 사상, 정책 따위에 찬동하여 도와서 힘을 씀. 또는 붙들어서 버팀.

7 칠 벌
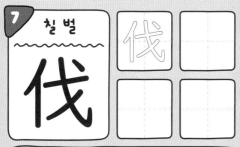

伐

획순: ノ 亻 亻 仁 代 伐 伐

단어 ▸ **벌초(伐草)**: 무덤의 풀을 베어서 깨끗이 함.

8 엎드릴 복
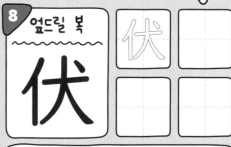

伏

획순: ノ 亻 亻 仁 仕 伏 伏

단어 ▸ **기복(起伏)**: 세력이나 기세 따위가 성하였다 쇠하였다 함.

9 지킬 수

守

획순: ' 宀 宀 宁 守 守

단어 ▸ **사수(死守)**: 죽음을 무릅쓰고 지킴.

10 편안 안
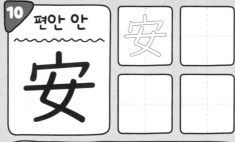

安

획순: ' 宀 宀 宁 安 安

단어 ▸ **안주(安住)**: 한곳에 자리를 잡고 편안히 삶. 또는 현재의 상황이나 처지에 만족함.

11 길할 길
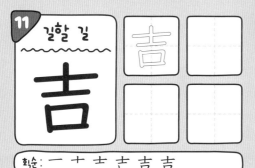

吉

획순: 一 十 士 吉 吉 吉

단어 ▸ **길일(吉日)**: 운이 좋거나 상서로운 날.

12 법 식

式

획순: 一 二 三 ㄷ 式 式

단어 ▸ **방식(方式)**: 일정한 방법이나 형식.

47

1 형벌 형

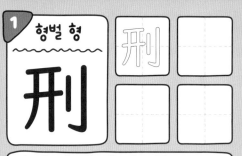

刑

획순: 一 二 干 开 刑 刑

단어 ▶ **형법(刑法):** 범죄와 형벌에 관한 법률 체계.

2 신하 신

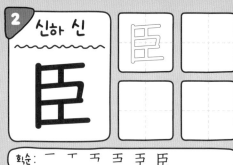

臣

획순: 一 丆 丆 굠 굠 臣

단어 ▶ **개국공신(開國功臣):** 나라를 새로 세울 때 큰 공로가 있는 신하.

3 우러를 앙

仰

획순: 丿 亻 亽 仢 仰 仰

단어 ▶ **추앙(推仰):** 높이 받들어 우러러 봄.

4 좋을 호

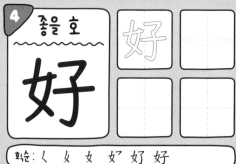

好

획순: 乚 夂 女 妅 奻 好

단어 ▶ **호불호(好不好):** 좋음과 좋지 않음.

5 생각할 고

考

획순: 一 十 土 耂 耂 考

단어 ▶ **사고(思考):** 생각하고 궁리함.

6 쉴 휴

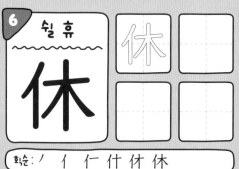

休

획순: 丿 亻 亻 仆 休 休

단어 ▶ **연휴(連休):** 휴일이 이틀 이상 계속되는 일.

7 버금 차

次

획순: 丶 冫 冫 次 次 次

단어 차례(次例): 순서 있게 구분하여 벌여 나가는 관계.

8 먼저 선

先

획순: 丿 一 牛 生 牛 先

단어 선두(先頭): 대열이나 행렬, 활동 따위에서 맨 앞.

9 일찍 조

早

획순: 丨 冂 曱 目 早 早

단어 조조(早朝): 이른 아침.

10 늙을 로

老

획순: 一 十 土 耂 老 老

단어 노약자(老弱者): 늙거나 약한 사람.

11 죽을 사

死

획순: 一 丆 歹 歹 死 死

단어 사어(死語): 과거에는 쓰였으나 현재에는 쓰이지 않게 된 언어나 단어.

12 위태할 위

危

획순: 丿 ク 午 产 危 危

단어 위급(危急): 몹시 위태롭고 급함.

49

19일차

1 스스로 자

自

획순: ´ ㄣ 冎 白 自 自

단어 **자율(自律):** 남의 지배나 구속을 받지 아니하고 자기 스스로의 원칙에 따라 어떤 일을 하는 일.

2 많을 다

多

획순: ´ ㄅ 夕 夕 多 多

단어 **다수결(多數決):** 회의에서 많은 사람의 의견에 따라 안건의 가부를 결정하는 일.

3 합할 합

合

획순: ノ 人 스 슥 合 合

단어 **합성(合成):** 둘 이상의 것을 합쳐서 하나를 이룸.

4 각각 각

各

획순: ´ ㄅ 夕 夂 各 各

단어 **각별(各別):** 어떤 일에 대한 마음가짐이나 자세 따위가 유달리 특별함.

5 한가지 공

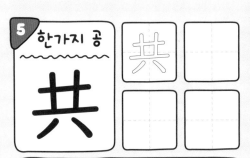

共

획순: 一 十 艹 共 共 共

단어 **공공(公共):** 국가나 사회의 구성원에게 두루 관계되는 것.

6 한가지 동

同

획순: ㅣ 冂 冂 冋 同 同

단어 **동의(同意):** 의사나 의견을 같이함.

7 해 년
年
획순: ノ ト 乍 乍 年 年
단어 ▶ **예년(例年):** 보통의 해.

8 빛 광
光
획순: ㅣ ㅣ �'' ㅛ 少 光
단어 ▶ **광경(光景):** 벌어진 일의 형편과 모양.

9 빛 색
色
획순: ノ ケ ㅋ 乒 岛 色
단어 ▶ **특색(特色):** 보통의 것과 다른 점.

10 글자 자
字
획순: ' ' ' 宀 宁 字 字
단어 ▶ **적자(赤字):** 지출이 수입보다 많아서 생기는 결손액. 장부에 기록할 때 붉은 글자로 기입한 데서 유래함.

11 도장 인
印
획순: ' ſ ſ Ｆ 臼 印 印
단어 ▶ **인주(印朱):** 도장을 찍는 데 쓰는 붉은빛의 재료.

12 붉을 주
朱
획순: ノ ㅗ 느 牛 牛 朱
단어 ▶ **주작(朱雀):** 사신(四神)의 하나. 붉은 봉황으로 형상화함.

복습 퀴즈

1 다음 한자의 뜻을 괄호 안에 넣어, 한자를 완성해 볼까요?

예 大
(큰)대

1 民
( )민

2 玉
( )옥

3 印
( )인

4 先
( )선

5 吉
( )길

2 다음 한자의 음을 괄호 안에 넣어, 한자를 완성해 볼까요?

예 大
큰(대)

6 他
다를( )

7 生
날( )

8 忙
바쁠( )

9 好
좋을( )

10 同
한가지( )

52

3 다음 빈칸에 들어가면 자연스러운 한자를 보기에서 골라 주세요.

①宅 ②幼 ③老 ④米 ⑤行 ⑥永 ⑦次 ⑧冊

11 이번 여행은 ▨원히 잊지 못할 추억이 되었다.　답:

12 수업 내용을 공▨ 에 깨끗하게 정리했다.　답:

13 백▨와 현미를 섞어서 밥을 지었다.　답:

14 지난주에 정원이 딸린 주▨으로 이사를 했다.　답:

15 이 좌석은 임산부 혹은 ▨약자를 위한 자리이다.　답:

4 밑줄 친 한자를 한글로 바꿔 주세요.

예 그는 눈에 잘 띄지 않는 **平凡**한 사람이다.　답·평범

16 책은 동서**古今**을 막론하고 검증된 학습 수단이다.　답:

17 통계청에서는 매년 전국의 인구 **分布**도를 조사합니다.　답:

18 말이 전달되는 과정에서 **曲解**가 일어나기도 한다.　답:

19 매주 좋아하는 드라마의 본방**死守**를 하고 있다.　답:

20 연이은 매출 부진이 영업 **赤字**로 이어졌다.　답:

20일차

학습일 ○월○일

1 줄 렬

列

획순: 一 ア 歹 歹 歹 列

단어 **서열(序列):** 일정한 기준에 따라 순서대로 늘어선 순서.

2 사귈 교

交

획순: 丶 亠 亣 六 交 交

단어 **교류(交流):** 문화나 사상 따위가 서로 통함.

3 인할 인

因

획순: 丨 冂 冃 冃 因 因

단어 **요인(要因):** 사물이나 사건이 성립되는 까닭. 또는 조건이 되는 요소.

4 참을 인

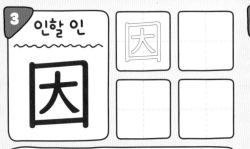

忍

획순: 刀 刀 刃 刃 忍 忍 忍

단어 **인고(忍苦):** 괴로움을 참음.

5 상쾌할 쾌

快

획순: 丶 丷 忄 忄 忄 快 快

단어 **완쾌(完快):** 병이 완전히 나음.

6 찰 랭

冷

획순: 丶 冫 冫 冷 冷 冷 冷

단어 **냉기(冷氣):** 차가운 기운. 또는 차가운 공기.

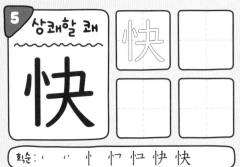

7 고을 읍

邑

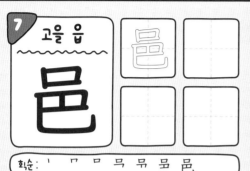

획순: ㅣ 丨 口 므 무 묘 品 邑

단어 ▶ **읍내(邑內):** 읍의 구역 안.

8 마을 리

里

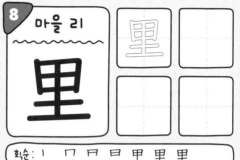

획순: ㅣ 丨 口 日 日 甲 甲 里

단어 ▶ **이장(里長):** 행정 구역의 단위인 '리(里)'를 대표하여 일을 맡아보는 사람.

9 마을 촌

村

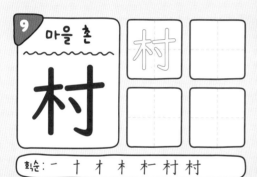

획순: 一 十 才 オ 朮 村 村

단어 ▶ **농촌(農村):** 주민의 대부분이 농업에 종사하는 마을이나 지역.

10 골 곡

谷

획순: ㇒ 八 夕 夂 公 谷 谷

단어 ▶ **협곡(峽谷):** 험하고 좁은 골짜기.

11 살 주

住

획순: ㇒ 亻 亻 产 住 住 住

단어 ▶ **거주지(居住地):** 현재 거주하고 있는 장소

12 재목 재

材

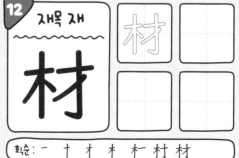

획순: 一 十 才 オ 朮 村 材

단어 ▶ **소재(素材):** 어떤 것을 만드는 데 바탕이 되는 재료.

55

21일차

1 콩 두

豆

획순: 一 一 〒 〒 듸 戸 豆 豆

단어 대두(大豆): 콩.

2 알 란

卵

획순: ´ ㄷ ㄷ 乡 卯 卯 卵

단어 산란(産卵): 알을 낳음.

3 조개 패

貝

획순: 丨 冂 冂 目 目 貝 貝

단어 어패류(魚貝類): 어류와 조개류를 아울러 이르는 말.

4 뿔 각

角

획순: ´ ⺈ ⺈ 夼 角 角 角

단어 각도(角度): 한 점에서 갈리어 나간 두 직선의 벌어진 정도.

5 모양 형

形

획순: 一 二 于 开 形 形 形

단어 형성(形成): 어떤 형상을 이룸.

6 몸 신

身

획순: ´ 丨 冂 白 白 身 身

단어 신장(身長): 키.

7 꼬리 미

尾

획순: フ コ ア ア 尸 尾 尾

단어 **미행(尾行):** 다른 사람의 행동을 감시하거나 증거를 잡기 위하여 그 사람 몰래 뒤를 밟음.

8 발 족/넉넉할 족

足

획순: 丨 口 口 甲 早 昇 足

단어 **역부족(力不足):** 힘이나 기량 따위가 모자람.

9 지을 작

作

획순: 丿 亻 亻 亻 作 作 作

단어 **동작(動作):** 몸이나 손발 따위를 움직임.

10 고칠 개

改

획순: フ コ コ 己 卍 改 改

단어 **개선(改善):** 잘못된 것이나 부족한 것을 고쳐 더 좋게 만듦.

11 도울 조

助

획순: 丨 冂 月 月 且 町 助

단어 **조력자(助力者):** 도와주는 사람.

12 볼 견

見

획순: 丨 冂 冂 月 目 貝 見

단어 **견해(見解):** 어떤 사물이나 현상에 대한 자기의 의견이나 생각.

22 일차

1 말씀 언

言

획순: ` ㆍ ㅡ ㆍ ㆍ ㆍ 言 言 言 言

단어: **언쟁(言爭)**: 말로 옳고 그름을 가리는 다툼.

2 고할 고

告

획순: ` ㆍ ㅡ ㅗ 牛 牛 告 告

단어: **공고(公告)**: 세상에 널리 알림.

3 앉을 좌

坐

획순: ` ㆍ ㆍ ㆍ ㆍ ㆍ 坐 坐

단어: **좌시(坐視)**: 참견하지 아니하고 앉아서 보기만 함.

4 잊을 망

忘

획순: ` ㆍ ㅡ ㆍ 忘 忘 忘 忘

단어: **백골난망(白骨難忘)**: 죽어서 백골이 되어도 잊을 수 없다는 뜻으로, 남에게 큰 은덕을 입었을 때 고마움의 뜻으로 이르는 말.

5 면할 면

免

획순: ㆍ ㆍ ㆍ ㆍ 免 免 免 免

단어: **면제(免除)**: 책임이나 의무 따위를 면하여 줌.

6 연구할 구

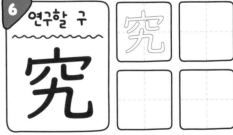

究

획순: ` ㆍ ㅡ 宀 宀 究 究

단어: **탐구(探究)**: 필요한 것을 조사하여 찾아내거나 얻어 냄.

7 읊을 음
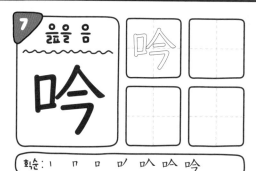
吟

획순: ㅣ ㅁ ㅁ ㅁ 吟 吟 吟

단어 ▶ **음미(吟味):** 어떤 사물 또는 개념의 속 내용을 새겨서 느끼거나 생각함.

8 불 취

吹

획순: ㅣ ㅁ ㅁ 吖 吹 吹 吹

단어 ▶ **취입(吹入):** 공기 따위를 불어 넣음.

9 고를 균

均

획순: 一 十 土 圹 均 均 均

단어 ▶ **평균(平均):** 여러 사물의 질이나 양 따위를 통일적으로 고르게 한 것.

10 던질 투
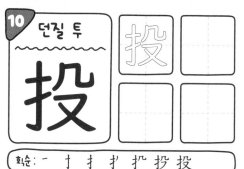
投

획순: 一 十 扌 扩 扩 投 投

단어 ▶ **투기(投機):** 기회를 엿보아 큰 이익을 보려는 것.

11 판단할 판
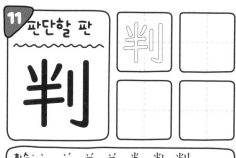
判

획순: 丶 丷 丷 半 半 判 判

단어 ▶ **판결(判決):** 시비나 선악을 판단하여 결정함.

12 도울 부
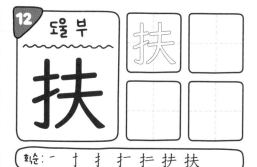
扶

획순: 一 十 扌 扩 圩 扶 扶

단어 ▶ **부양(扶養):** 생활 능력이 없는 사람의 생활을 돌봄.

23일차

학습일 ○월 ○일

1 막을 방

防

획순: ㇇ ㇋ 阝 阝' 阝亠 防 防

단어 **국방(國防):** 외국의 침략에 대비 태세를 갖추고 국토를 방위하는 일.

2 달릴 주

走

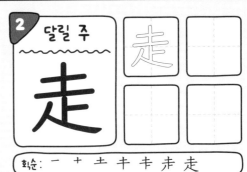

획순: 一 十 土 丰 未 走 走

단어 **주행(走行):** 주로 동력으로 움직이는 자동차나 열차 따위가 달림.

3 구할 구

求

획순: 一 十 寸 才 求 求 求

단어 **추구(追求):** 목적을 이룰 때까지 뒤좇아 구함.

4 결단할 결

決

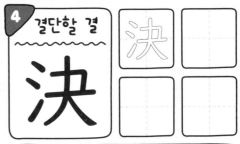

획순: 丶 冫 氵 汀 江 汐 決

단어 **대결(對決):** 양자가 맞서서 우열이나 승패를 가림.

5 매양 매

每

획순: ノ 𠂉 𠂉 句 每 每 每

단어 **매사(每事):** 하나하나의 모든 일.

6 매울 신

辛

획순: 丶 亠 亠 立 立 辛 辛

단어 **향신료(香辛料):** 음식에 향이나 매운 맛을 더하는 조미료.

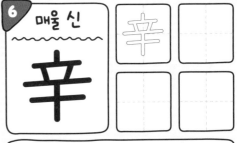

7 어찌 하

何

획순: ノ　イ　ハ　何　何　何

단어 **여하(如何):** 그 형편이나 정도가 어떠한가의 뜻을 나타내는 말.

8 다만 단

但

획순: ノ　イ　イ　伯　伯　但　但

단어 **비단(非但):** 부정하는 말 앞에서 '다만', '오직'의 뜻으로 쓰이는 말.

9 나 아

我

획순: ノ　二　千　手　扎　我　我

단어 **자아(自我):** 자기 자신에 대한 의식이나 관념.

10 사사로울 사

私

획순: ノ　二　千　千　禾　私　私

단어 **사심(私心):** 사사로운 마음. 또는 자기 욕심을 채우려는 마음.

11 이로울 리

利

획순: ノ　二　千　千　禾　利　利

단어 **이득(利得):** 이익을 얻음.

12 아우 제

弟

획순: ヽ　ソ　ゾ　当　弟　弟　弟

단어 **자제(子弟):** 남을 높여 그의 아들을 이르는 말.

24 일차

1 임금 군
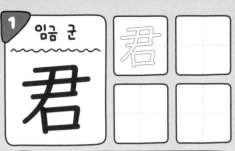

君

획순: ㄱ ㄱ ㅋ 尹 尹 君 君

단어 **군자(君子)**: 행실이 점잖고 어질며 덕과 학식이 높은 사람.

2 군사 병

兵

획순: ㅅ ㅅ ㅌ ㅌ 丘 乒 兵

단어 **복병(伏兵)**: 예상하지 못한 뜻밖의 경쟁 상대.

3 수레 거 / 수레 차
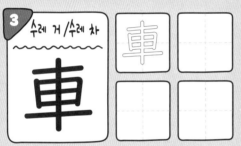

車

획순: 一 厂 厅 后 自 亘 車

단어 **정차(停車)**: 차가 멎음. 또는 차를 멈춤.

4 부처 불

佛

획순: ㅅ ㅅ 仁 仟 佀 佛 佛

단어 **불교(佛敎)**: 석가모니가 창시한 종교
(참고) 프랑스를 佛로 표기합니다.

5 뜻 지

志

획순: 一 十 士 士 志 志 志

단어 **의지(意志)**: 어떠한 일을 이루고자 하는 마음.

6 어질 량

良

획순: ㄱ ㄱ ㅋ ㅋ 自 良 良

단어 **양호(良好)**: 대단히 괜찮음.

7 빼어날 수

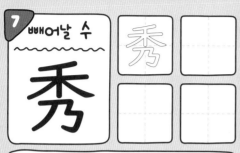

秀

획순: 一 二 千 禾 禾 秀 秀

단어 → **수재(秀才)**: 뛰어난 재주. 또는 머리가 좋고 재주가 뛰어난 사람.

8 씩씩할 장

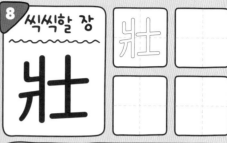

壯

획순: 丨 丬 丬 丬 壯 壯 壯

단어 → **장담(壯談)**: 확신을 가지고 아주 자신 있게 말함.

9 차례 서

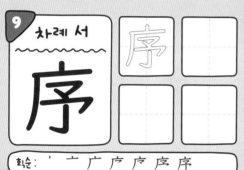

序

획순: 丶 宀 广 序 序 序 序

단어 → **서두(序頭)**: 일이나 말의 첫머리.

10 자리 위

位

획순: 丿 亻 亻 亻 位 位 位

단어 → **위상(位相)**: 어떤 사물이 다른 사물과의 관계 속에서 가지는 위치나 상태.

11 낮을 저

低

획순: 丿 亻 亻 亿 佇 低 低

단어 → **저조(低調)**: 활동이나 감정이 왕성하지 못하고 침체함.

12 아닐 부/막힐 비

否

획순: 一 ア 不 不 否 否 否

단어 → **부인(否認)**: 어떤 내용이나 사실을 옳거나 그러하다고 인정하지 아니함.

25일차

1 완전할 완 | 完

획순: ' ⼧ ⼧ 宁 宁 完 完

단어 → **완결(完結):** 완전하게 끝을 맺음.

2 이룰 성 | 成

획순:) ⼚ ⼚ 万 成 成 成

단어 → **성장(成長):** 사람이나 동식물 따위가 자라서 점점 커짐. 또는 사물의 규모나 세력 따위가 점점 커짐.

3 처음 초 | 初

획순: ' ⼂ ⼂ ⼂ ⼂ 初 初

단어 → **초유(初有):** 처음으로 있음. (예)초유의 사태

4 다시 갱 | 更

획순: ⼀ ⼚ ⼚ 百 百 更 更

단어 → **갱신(更新):** 이미 있던 것을 고쳐 새롭게 함.

5 다를 별 | 別

획순:) ⼜ ⼝ 号 另 別 別

단어 → **성별(性別):** 남녀나 암수의 구별.

6 곤할 곤 | 困

획순: | ⼌ ⼌ 闲 困 困 困

단어 → **빈곤(貧困):** 가난하여 살기가 어려움.

7 바랄 희

希

획순 : 丿 乂 乄 爻 希 希 希

단어 희망(希望): 어떤 일을 이루거나 하기를 바람. 또는 앞으로 잘될 수 있는 가능성.

8 묘할 묘

妙

획순 : 乀 乂 女 妁 妁 妙 妙

단어 묘안(妙案): 뛰어나게 좋은 생각.

9 재주 기

技

획순 : 一 十 扌 扌 扩 technique 技

단어 기법(技法): 기교와 방법을 아울러 이르는 말.

10 효도 효

孝

획순 : 一 十 土 尹 考 考 孝

단어 효도(孝道): 부모를 잘 섬기는 도리.

11 충성 충

忠

획순 : 丨 冂 口 中 忠 忠 忠 忠

단어 충고(忠告): 남의 결함이나 잘못을 진심으로 타이름.

12 다행 행

幸

획순 : 一 十 土 夻 夲 夲 夻 幸

단어 행운(幸運): 좋은 운수.

65

26일차

1 화협할 협
協
획순: 一 十 十 协 协 協 協 協
단어 협동(協同): 서로 마음과 힘을 하나로 합함.

2 화할 화
和
획순: 一 二 千 禾 禾 和 和 和
단어 조화(調和): 서로 잘 어울림.

3 의지할 의
依
획순: 丿 亻 亻 亻 仁 佐 依 依
단어 의존(依存): 다른 것에 의지하여 존재함.

4 수풀 림
林
획순: 一 十 オ 木 木 朴 村 林
단어 임야(林野): 숲과 들을 아울러 이르는 말.

5 꽃 화
花
획순: 一 十 丗 丗 花 花 花
단어 개화(開花): 풀이나 나무의 꽃이 핌.

6 열매 과 / 결과 과
果
획순: 丨 冂 日 旦 早 甲 果 果
단어 견과류(堅果類): 단단한 껍데기와 깍정이에 싸여 있는 나무 열매의 부류.

7 베 포
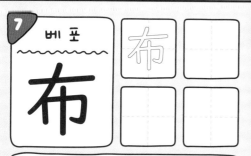
布

획순: ノ ナ オ 右 布

단어 ▸ **분포(分布):** 널리 퍼져 있음.

8 가지 지
枝

획순: 一 十 オ 木 杧 村 杵 枝

단어 ▸ **지엽(枝葉):** 식물의 가지와 잎. 본질적이거나 중요하지 아니하고 부차적인 부분.

9 빌 공
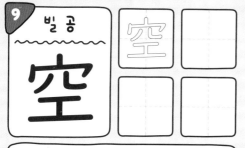
空

획순: ' ' 宀 宀 灾 灾 空 空

단어 ▸ **공백(空白):** 비어 있음.

10 땅 곤
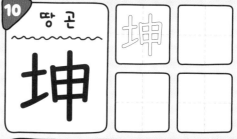
坤

획순: 一 十 土 圠 坤 坩 坤 坤

단어 ▸ **건곤(乾坤):** 하늘과 땅을 아울러 이르는 말.

11 비 우

雨

획순: 一 厂 厂 币 而 雨 雨 雨

단어 ▸ **우천(雨天):** 비가 오는 날씨.

12 물 하
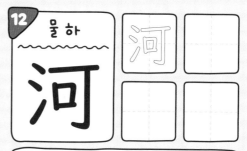
河

획순: ' ' 氵 氵 沪 沪 河 河

단어 ▸ **운하(運河):** 배의 운항 따위를 위하여 육지에 파 놓은 물길.

복습 퀴즈

1 다음 한자의 뜻을 괄호 안에 넣어, 한자를 완성해 볼까요?

예 大
(큰) 대

1 交
( ) 교

2 形
( ) 형

3 坐
( ) 좌

4 走
( ) 주

5 位
( ) 위

2 다음 한자의 음을 괄호 안에 넣어, 한자를 완성해 볼까요?

예 大
큰 (대)

6 忍
참을 ( )

7 改
고칠 ( )

8 序
차례 ( )

9 成
이룰 ( )

10 幸
다행 ( )

3 다음 빈칸에 들어가면 자연스러운 한자를 보기에서 골라 주세요.

①材 ②尾 ③志 ④利 ⑤扶 ⑥秀 ⑦希 ⑧究

11 이번에 친환경 소⬜로 만든 제품이 출시되었다. 답:

12 대학은 진리의 탐⬜를 위한 상아탑이다. 답:

13 타인과의 비교는 아무런 ⬜득이 되지 않는다. 답:

14 그녀는 의⬜가 강하고 독립적인 성격이다. 답:

15 ⬜망을 품고 도전하면 꿈은 이루어질 것이다. 답:

4 밑줄 친 한자를 한글로 바꿔 주세요.

예 그는 눈에 잘 띄지 않는 **平凡**한 사람이다. 답:평범

16 **助力者**의 도움 덕분에 문제가 해결되었다. 답:

17 학교폭력 문제를 **坐視**할 수만은 없었다. 답:

18 공공의 이익을 **追求**하는 기술을 개발하고 있다. 답:

19 국제사회에서 한국의 **位相**이 높아지고 있다. 답:

20 이 사설은 본질보다는 **枝葉**적인 문제를 다루고 있다. 답:

27 일차

1 물결 파

波

획순: ` ` ` シ テ ラ 汇 沙 波 波

단어 인파(人波): 사람의 물결이란 뜻으로, 수많은 사람을 이르는 말.

2 범 호
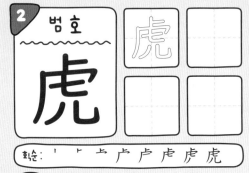
虎

획순: ` ⊦ ⊦ ⊦ 广 卢 虍 唐 虎

단어 호피(虎皮): 호랑이의 털가죽.

3 만물 물
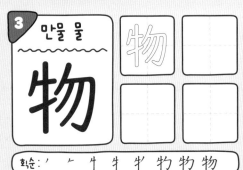
物

획순: ` ⊦ ⊦ ⊦ 牛 牛 物 物 物

단어 유물(遺物): 선대의 인류가 후대에 남긴 물건. 또는 고인이 생전에 사용하다 남긴 물건.

4 밤 야
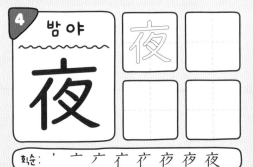
夜

획순: ` 宀 宀 宀 广 方 夜 夜 夜

단어 야경(夜景): 밤의 경치.

5 계절 계

季

획순: ` 二 千 千 禾 禾 季 季

단어 사계(四季): 봄 · 여름 · 가을 · 겨울의 네 철.

6 붉을 적

赤

획순: 一 十 土 丰 亦 赤 赤

단어 적도(赤道): 위도의 기준이 되는 선.

7 푸를 청

青

획순: 一 二 三 丰 圭 丰 青 青 青

단어: **청소년(青少年):** 청년과 소년을 아울러 이르는 말.

8 밝을 명

明

획순: ㅣ 冂 冂 日 日 明 明 明 明

단어: **문명(文明):** 인류가 이룩한 물질적, 기술적, 사회 구조적인 발전.

9 곧을 직

直

획순: 一 十 十 市 市 market 直 直

단어: **직선(直線):** 꺾이거나 굽은 데가 없는 곧은 선.

10 굳을 고

固

획순: ㅣ 冂 冂 冃 冏 固 固 固

단어: **고유(固有):** 본래부터 가지고 있는 특유한 것.

11 길 장

長

획순: ㅣ 厂 厂 F 토 長 長 長

단어: **의장(議長):** 회의를 주재하고 그 회의의 집행부를 대표하는 사람.

12 가까울 근

近

획순: ノ ク ケ 斤 斤 近 近 近

단어: **근래(近來):** 가까운 요즈음.

28 일차

1 아름다울 가
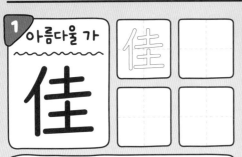

佳

획순: ノ 亻 亻 亻 仁 佳 佳 佳

단어 ▸ 가작(佳作): 매우 뛰어난 작품.

2 겉 표

表

획순: 一 二 ‡ 圭 耒 耒 表

단어 ▸ 표면(表面): 사물의 가장 바깥쪽. 또는 가장 윗부분.

3 저 피
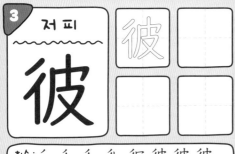

彼

획순: ノ ク 彳 彳 㣼 彷 彼 彼

단어 ▸ 피차(彼此): 저것과 이것을 아울러 이르는 말. 또는 이쪽과 저쪽의 양쪽.

4 손위누이 자

姉

획순: く 夕 女 女' 奵 奵 姉 姉

단어 ▸ 자매(姉妹): 언니와 여동생 사이를 이르는 말.

5 누이 매

妹

획순: く 夕 女 女 奵 奸 妹 妹

단어 ▸ 매형(妹兄): 손위 누이의 남편을 이르거나 부르는 말.

6 아저씨 숙

叔

획순: 丨 卜 上 ‡ 才 未 朼 叔

단어 ▸ 숙모(叔母): 아버지 동생의 아내를 이르는 말.

7 아내 처

妻

획순: 一 ⺕ ⺕ ⺕ 𠀎 妻 妻 妻

단어 **처형(妻兄):** 아내의 언니를 이르는 말.

8 아이 아

兒

획순: ノ 亻 𠂇 𦥑 𦥑 臼 兒 兒

단어 **육아(育兒):** 어린아이를 기름.

9 벗 붕

朋

획순: 丿 刀 月 月 刖 朋 朋 朋

단어 **붕우유신(朋友有信):** 벗과 벗 사이의 도리는 믿음에 있음을 이름.

10 무사 무

武

획순: 一 二 丁 下 正 正 武 武

단어 **무력(武力):** 군사상의 힘. 또는 때리거나 부수는 따위의 육체를 사용한 힘.

11 벼슬 관

官

획순: 丶 丷 宀 宀 宀 宁 官 官

단어 **기관(器官):** 일정한 모양과 생리 기능을 가지고 있는 생물체의 부분.

12 마칠 졸/군사 졸

卒

획순: 丶 亠 亠 亣 亣 亣 亣 卒

단어 **졸업(卒業):** 학생이 규정에 따라 소정의 교과 과정을 마침.

29일차

1 성품 성
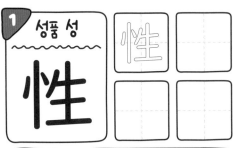
性

획순: 丶 丶 忄 忄 忙 忙 性 性

단어 **본성(本性):** 사람이 본디부터 가진 성질.

2 성씨 성

姓

획순: 乀 乡 女 女 女 女 姓 姓

단어 **성명(姓名):** 성과 이름을 아울러 이르는 말.

3 성씨 박/순박할 박

朴

획순: 一 十 才 木 朴 朴

단어 **순박(淳朴):** 거짓이나 꾸밈이 없이 순수하며 인정이 두터움.

4 성씨 이/오얏 리
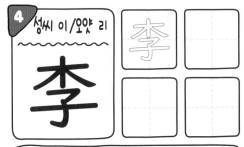
李

획순: 一 十 才 木 李 李 李

단어 **이화(李花):** 자두나무의 꽃

5 서울 경
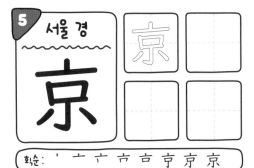
京

획순: 丶 亠 亠 产 古 古 京 京

단어 **상경(上京):** 지방에서 서울로 감.

6 서늘할 량
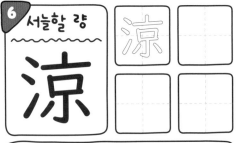
涼

획순: 丶 冫 冫 涼

단어 **納涼(납량):** 여름에 더위를 피하여 서늘함을 맛봄.

74

7 바 소

所

획순: ㄱ ㄲ ㄲ 戸 戸 所 所 所

단어 **소견(所見):** 어떤 일이나 사물을 살펴보고 가지게 되는 생각이나 의견.

8 가게 점

店

획순: ㆍ 广 广 广 庐 店 店 店

단어 **지점(支店):** 본점에서 갈라져 나온 점포.

9 집 주

宙

획순: ㆍ ㆍ 宀 宀 宁 宁 宙 宙

단어 **소우주(小宇宙):** 타원이나 소용돌이 모양으로 우주에 점점이 있는 성운. 또는 인간의 정신.

10 집 사

舍

획순: ノ 人 ㅅ 全 全 舍 舍 舍

단어 **관사(官舍):** 관청에서 관리에게 빌려주어 살도록 지은 집.

11 방 방

房

획순: ㄱ ㄱ ㄱ 戸 戸 戸 房 房

단어 **공방(工房):** 공예품 따위를 만드는 곳.

12 살 거

居

획순: ㄱ ㄱ 尸 尸 尼 居 居 居

단어 **거주(居住):** 일정한 곳에 머물러 삶.

75

30일차

학습일 ◯월 ◯일

1 기를 육

育

획순: 丶 亠 𠫓 𠫔 育 育 育 育

단어 **발육(發育):** 생물체가 자라남.

2 안을 포

抱

획순: 一 亅 扌 扚 扚 抅 抅 抱

단어 **포복절도(抱腹絶倒):** 배를 그러안고 넘어질 정도로 몹시 웃음.

3 누울 와

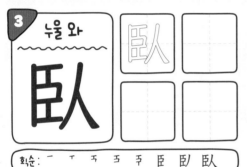

臥

획순: 一 丅 𠃌 𠃍 𦣝 臣 臥 臥

단어 **와병(臥病):** 병으로 자리에 누움. 또는 병을 앓고 있음.

4 걸음 보

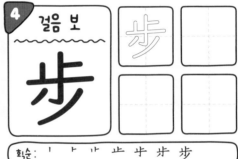

步

획순: 丨 ⺊ 止 止 步 步 步

단어 **도보(徒步):** 탈것을 타지 않고 걸어감.

5 부를 초

招

획순: 一 亅 扌 扨 扨 招 招 招

단어 **초대(招待):** 어떤 모임에 참가해 줄 것을 청함.

6 부를 호

呼

획순: 丨 口 口 口 口 口 吁 呼

단어 **호출(呼出):** 전화나 전신 따위의 신호로 상대편을 부르는 일.

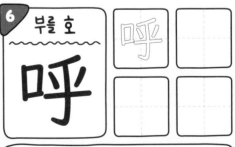

7 창성할 창

昌

획순: 丨 冂 冂 日 日 日 昌 昌

단어 **창성(昌盛):** 기세가 크게 일어나 잘 뻗어 나감.

8 갈 왕

往

획순: 丿 彳 彳 彳 彳 往 往

단어 **왕복(往復):** 갔다가 돌아옴.

9 올 래

來

획순: 一 丆 办 办 办 來 來 來

단어 **유래(由來):** 사물이나 일이 생겨남. 또는 그 사물이나 일이 생겨난 바.

10 맞을 영

迎

획순: 丶 丨 卬 卬 卬 迎 迎

단어 **환영(歡迎):** 오는 사람을 기쁜 마음으로 반갑게 맞음.

11 알 지

知

획순: 丿 匕 午 矢 矢 知 知 知

단어 **지식(知識):** 어떤 대상에 대하여 배우거나 실천을 통하여 알게 된 명확한 인식이나 이해.

12 하여금 사

使

획순: 丿 亻 亻 仁 仁 佢 使 使

단어 **사명감(使命感):** 주어진 임무를 잘 수행하려는 마음가짐.

77

1 울 읍

泣

획순: `丶丶冫氵汁汁汁泣泣

단어 ▶ **읍소(泣訴)**: 눈물을 흘리며 간절히 하소연함.

2 물댈 주

注

획순: `丶丶冫氵汁汁注注

단어 ▶ **주문(注文)**: 어떤 상품을 만들거나 파는 사람에게 그 상품의 생산이나 수송, 또는 서비스의 제공을 요구하거나 청구함.

3 받을 수

受

획순: `丶丶爫爫爫受受

단어 ▶ **수용(受容)**: 어떠한 것을 받아들임.

4 바꿀 역

易

획순: 丨冂冃日旦昃易易

단어 ▶ **교역(交易)**: 주로 나라와 나라 사이에서 물건을 사고팔고 하여 서로 바꿈.

5 법 법

法

획순: `丶冫氵汁法法法

단어 ▶ **법률(法律)**: 국가의 강제력을 수반하는 사회 규범. 국가 및 공공 기관이 제정한 법률, 명령, 규칙, 조례 따위.

6 법 전/책 전

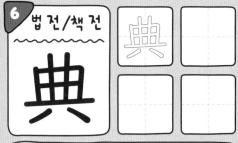

典

획순: 丨冂冃申曲曲典典

단어 ▶ **고전(古典)**: 옛날의 의식이나 법식. 또는 오랫동안 많은 사람에게 널리 읽히고 모범이 될 만한 문학이나 예술 작품.

7 정사 정

政

획순: 一 T F 正 正 正 政 政 政

단어 **재정(財政):** 돈에 관한 여러 가지 일.

8 다스릴 치

治

획순: 丶 丶 氵 汁 治 治 治 治

단어 **자치(自治):** 저절로 다스려짐. 또는 자기 일을 스스로 다스림.

9 다툴 쟁

爭

획순: 丶 ⺈ ⺈ ⺈ ⺈ 兽 兽 爭

단어 **쟁취(爭取):** 힘들게 싸워서 바라던 바를 얻음.

10 가질 취

取

획순: 一 T F F 耳 耳 取 取

단어 **취득(取得):** 자기 것으로 만들어 가짐.

11 일 사

事

획순: 一 丅 亓 亓 豸 写 写 事

단어 **사실(事實):** 실제로 있었던 일이나 현재에 있는 일.

12 이을 승

承

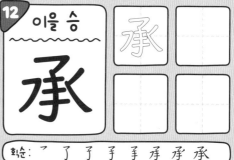

획순: 了 了 孑 手 承 承 承

단어 **승인(承認):** 어떤 사실을 마땅하다고 받아들임.

79

32 일차

---

1 정할 정

획순: `丶 丶 宀 宀 宀 宇 定 定`

단어⟩ **설정(設定):** 새로 만들어 정해 둠.

2 놓을 방
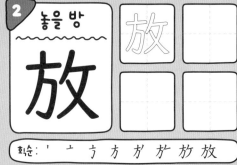

획순: `丶 亠 方 方 扩 扩 放 放`

단어⟩ **해방(解放):** 구속이나 억압, 부담 따위에서 벗어 나게 함.

3 받들 봉

획순: `一 一 三 声 夫 表 表 奉`

단어⟩ **봉사(奉仕):** 국가나 사회 또는 남을 위하여 자신 을 돌보지 아니하고 힘을 바쳐 애씀.

4 책 권

획순: `丶 丷 丷 丷 犬 犬 券 卷`

단어⟩ **전권(全券):** 여러 권으로 된 책의 전부.

5 옷 복
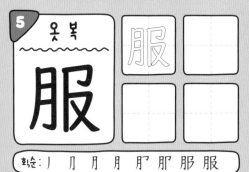

획순: `丨 丿 月 月 肝 肝 服 服`

단어⟩ **복종(服從):** 남의 명령이나 의사를 그대로 따라 서 좇음.

6 과녁 적

획순: `丶 丿 白 白 白 白 的 的`

단어⟩ **적확(的確):** 정확하게 맞아 조금도 틀리지 아 니함.

7 잔 배

杯

획순: 一 十 才 才 杧 杯 杯 杯

단어 — **고배(苦杯):** '쓴 술이 든 잔'이라는 의미로 쓰라린 경험을 비유적으로 이르는 말.

8 기름 유

油

획순: 丶 丶 氵 汀 沪 油 油 油

단어 — **주유(注油):** 자동차 따위에 기름을 넣음.

9 불꽃 염

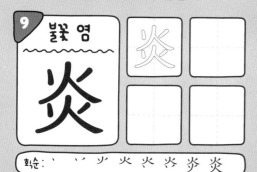

炎

획순: 丶 丶 ソ 火 炏 炏 炎 炎

단어 — **폭염(鼻炎):** 매우 심한 더위.

10 맛 미

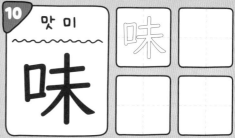

味

획순: 丨 冂 口 叮 吽 咔 味 味

단어 — **의미(意味):** 말이나 글의 뜻.

11 쓸 고

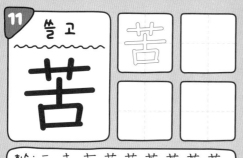

苦

획순: 一 十 㔾 艹 芏 苂 苦 苦

단어 — **고통(苦痛):** 몸이나 마음의 괴로움과 아픔.

12 같을 약

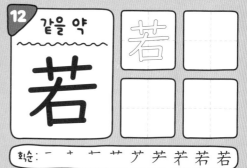

若

획순: 一 十 㔾 芏 艻 若 若 若

단어 — **약간(若干):** 얼마 되지 않음.

33일차

1 마루 종

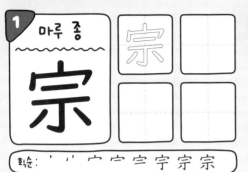

宗

획순: 丶 丶 宀 宀 宇 宇 宗 宗

단어 ▶ 개종(改宗): 믿던 종교를 바꾸어 다른 종교를 믿음.

2 본보기 례

例

획순: 丿 亻 仁 仴 例 例 例 例

단어 ▶ 비례(比例): 한쪽의 양이나 수가 증가하는 만큼 그와 관련 있는 다른 쪽의 양이나 수도 증가함.

3 옛 석

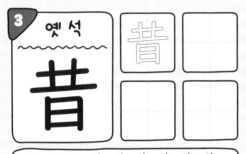

昔

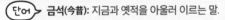

획순: 一 十 卝 芇 芇 昔 昔 昔

단어 ▶ 금석(今昔): 지금과 옛적을 아울러 이르는 말.

4 두 량

兩

획순: 一 冂 冂 帀 帀 兩 兩 兩

단어 ▶ 양면(兩面): 사물의 두 면. 또는 겉과 안.

5 그 기

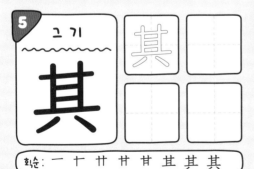

其

획순: 一 十 卄 廿 甘 其 其 其

단어 ▶ 기타(其他): 그 밖의 또 다른 것.

6 이를 도

到

획순: 一 厶 亙 玉 至 至 到 到

단어 ▶ 도달(到達): 목적한 곳이나 수준에 다다름.

7 비로소 시

始

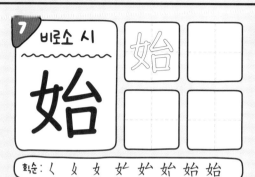

획순: ㄑ ㄑ 女 女 刘 刘 始 始

단어 → **개시(開始):** 행동이나 일 따위를 시작함.

8 연고 고

故

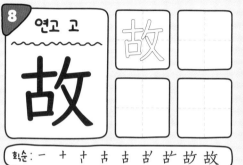

획순: 一 十 十 古 古 古 劸 故 故

단어 → **고인(故人):** 죽은 사람.

9 아름다울 미

美

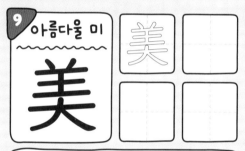

획순: ㅅ ㅅ ㅛ ㅛ ㅕ 羊 羊 美 美

단어 → **미화(美化):** 아름답게 꾸밈.

10 슬플 애

哀

획순: 丶 亠 亠 产 吉 户 户 妄 哀

단어 → **애원(哀願):** 소원이나 요구 따위를 들어 달라고
애처롭게 사정하여 간절히 바람.

11 무거울 중

重

획순: 一 二 千 斤 后 盲 盲 重 重

단어 → **존중(尊重):** 높이어 귀중하게 대함.

12 부드러울 유

柔

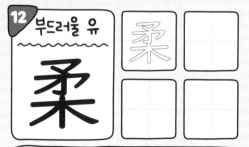

획순: ㄱ ㄱ 予 予 矛 圣 柔 柔 柔

단어 → **유약(柔弱):** 부드럽고 약함.

복습 퀴즈

1 다음 한자의 뜻을 괄호 안에 넣어, 한자를 완성해 볼까요?

예

大
(큰)대

1

青
( )청

2

武
( )무

3

姓
( )성

4

抱
( )포

5

服
( )복

2 다음 한자의 음을 괄호 안에 넣어, 한자를 완성해 볼까요?

예

大
큰(대)

6

夜
밤( )

7

店
가게( )

8

取
가질( )

9

味
맛( )

10

柔
부드러울( )

84

3 다음 빈칸에 들어가면 자연스러운 한자를 보기에서 골라 주세요.

> ①近 ②表 ③始 ④典 ⑤事 ⑥美 ⑦炎 ⑧奉

11 그 소설은 ⬜래 보기 드문 대작이다.　답:

12 울퉁불퉁한 ⬜면을 다듬어서 매끄럽게 만들었다.　답:

13 연일 기록적인 폭⬜이 계속되고 있다.　답:

14 엄마에게 어제 있었던 일을 ⬜실대로 말했다.　답:

15 주말마다 양로원에서 ⬜사활동을 하고 있다.　답:

4 밑줄 친 한자를 한글로 바꿔 주세요.

> **예** 그는 눈에 잘 띄지 않는 **平凡**한 사람이다.　답:평범

16 **文明**의 발달로 삶이 편안하고 윤택해졌다.　답:

17 전국 백일장 대회에 나가 **佳作**으로 입선하였다.　답:

18 다시 한번 기회를 달라고 간절하게 **泣訴**했다.　답:

19 연속으로 시험에서 불합격의 **苦杯**를 마셨다.　답:

20 **的確**한 표현으로 번역하는 것은 쉽지 않다.　답:

1 먹을 식

食

획순: ノ 人 人 ㄏ 今 今 食 食 食

단어 → **과식(過食)**: 지나치게 많이 먹음.

2 볼 간

看

획순: ー 二 三 手 看 看 看 看 看

단어 → **간파(看破)**: 속내를 꿰뚫어 알아차림.

3 생각 사

思

획순: 丨 冂 冃 田 田 甲 思 思 思

단어 → **의사(意思)**: 무엇을 하고자 하는 생각.

4 날 비

飛

획순: 乁 飞 飞 飞 飞 飛 飛 飛 飛

단어 → **비행(飛行)**: 공중으로 날아가거나 날아다님.

5 살 활

活

획순: ヽ ㇀ 氵 汁 汁 汗 汗 活 活

단어 → **활력(活力)**: 살아 움직이는 힘.

6 믿을 신

信

획순: ノ 亻 亻 亻 信 信 信 信 信

단어 → **신용(信用)**: 사람이나 사물이 틀림없다고 믿어 의심하지 아니함.

7 보호할 보

保

획순: ノ イ イ 仔 仔 仔 仔 保 保

단어 **보안(保安):** 안전을 유지함.

8 기다릴 대

待

획순: ノ ク 彳 彳 彳 往 往 待 待

단어 **기대(期待):** 어떤 일이 원하는 대로 이루어지기를 바라면서 기다림.

9 주울 습

拾

획순: 一 十 才 扌 扒 拾 拾 拾 拾

단어 **습득(拾得):** 주워서 얻음.

10 내릴 강

降

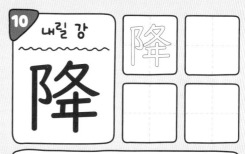

획순: ㄱ ㄖ ㅏ ㅏ 队 降 降 降 降

단어 **강우량(降雨量):** 일정 기간 동안 일정한 곳에 내린 비의 분량.

11 세울 건

建

획순: ㄱ ㅋ ㅋ ㅋ ㅌ ㅌ 聿 律 建 建

단어 **건설(建設):** 건물, 설비, 시설 따위를 새로 만들어 세움.

12 법칙 률

律

획순: ノ ク 彳 彳 行 行 徍 律 律

단어 **규율(規律):** 질서나 제도를 유지하기 위하여 정하여 놓은, 행동의 준칙이 되는 본보기.

35일차

1. 성낼 노

怒
획순: ㄑ ㄠ 女 奴 奴 奴 怒 怒 怒

단어 희로애락(喜怒哀樂): 기쁨과 노여움과 슬픔과 즐거움을 아울러 이르는 말.

2. 원망할 원

怨
획순: ㄱ ㄅ ㄅ ㄅ 夗 夗 怨 怨 怨

단어 원한(怨恨): 억울하고 원통한 일을 당하여 응어리진 마음.

3. 살필 성

省
획순: ㅣ ㅑ 小 少 少 省 省 省 省

단어 반성(反省): 자신의 언행에 대하여 잘못이나 부족함이 없는지 돌이켜 봄.

4. 힘쓸 면
勉
획순: ㄱ ㄅ ㄅ 刍 刍 免 免 免 勉

단어 근면(勤勉): 부지런히 일하며 힘씀.

5. 베풀 시
施
획순: ㅤ ㅤ ㅡ 方 方 扩 扩 斺 施

단어 시행(施行): 실제로 행함.

6. 샘 천
泉
획순: ㅤ ㅣ ㄇ 白 白 皀 皁 身 泉

단어 온천(溫泉): 지열로 땅속에서 평균 기온 이상으로 물이 더워져서 땅위로 솟아오르는 샘.

7 바다 해

海

획순: `丶丶氵氵汽汽海海海海`

단어 > **해산물(海産物):** 바다에서 나는 동식물을 통틀어 이르는 말.

8 큰바다 양

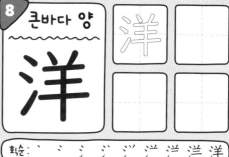

洋

획순: `丶丶氵氵汽洋洋洋洋`

단어 > **서양(西洋):** 유럽과 남북아메리카의 여러 나라를 통틀어 이르는 말.

9 바람 풍

風

획순: `丿几几凡凡風風風風`

단어 > **풍력(風力):** 바람의 세기.

10 별 성

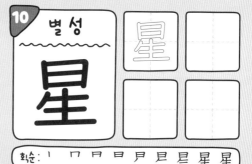

星

획순: `丨口日日旦早星星`

단어 > **유성(流星):** 지구의 대기권 안으로 들어와 빛을 내며 떨어지는 작은 물체.

11 소리 음

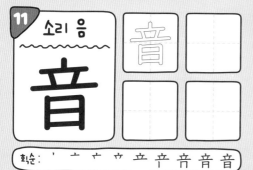

音

획순: `丶亠亠立立音音音音`

단어 > **방음(防音):** 안의 소리가 밖으로 새어 나가거나 밖의 소리가 안으로 들어오지 못하도록 막음.

12 버들 류

柳

획순: `一十才木木村柳柳柳`

단어 > **화류(花柳):** 꽃과 버들을 아울러 이르는 말.

1 집 옥

屋

획순: ㄱ ㄲ 尸 尸 尸 层 层 屋 屋

단어 ▸ **가옥(家屋)**: 사람이 사는 집.

2 방 실
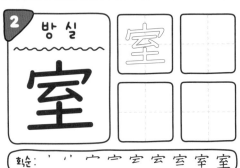

室

획순: ㆍ ㆍ 宀 宀 宀 宏 宏 室 室

단어 ▸ **실내(室內)**: 방이나 건물 따위의 안.

3 고을 동
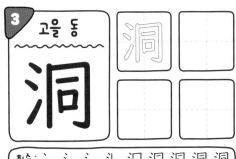

洞

획순: ㆍ ㆍ 氵 氵 汩 洞 洞 洞 洞

단어 ▸ **동장(洞長)**: '동(洞)'의 행정을 맡아보는 으뜸 직위에 있는 사람.

4 앞 전
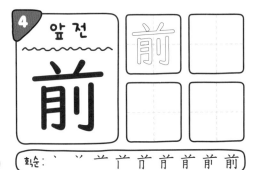

前

획순: ㆍ ㆍ 丷 广 产 甪 甪 前 前

단어 ▸ **전진(前進)**: 앞으로 나아감.

5 뒤 후

後

획순: ㆍ ㆍ ㆍ 彳 彳 徉 徉 後 後

단어 ▸ **최후(最後)**: 맨 마지막.

6 급할 급

急

획순: ㆍ ㆍ 刍 刍 刍 刍 急 急 急

단어 ▸ **급감(急減)**: 급작스럽게 줄어듦.

7 요긴할 요

要

획순: 一 「 冂 冃 两 两 要 要 要

단어 ▶ **요구(要求):** 받아야 할 것을 필요에 의하여 달라고 청함.

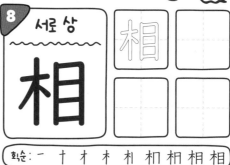

8 서로 상

相

획순: 一 十 才 木 村 相 相 相 相

단어 ▶ **상반(相反):** 서로 반대되거나 어긋남.

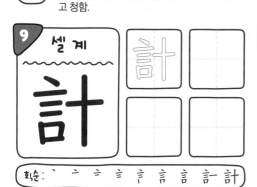

9 셀 계

計

획순: 丶 亠 亠 言 言 言 言 訁 計

단어 ▶ **생계(生計):** 살림을 살아 나갈 방도. 또는 현재 살림을 살아가고 있는 형편.

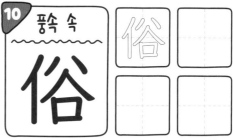

10 풍속 속

俗

획순: 丿 亻 亻 俗 俗 俗 俗 俗 俗

단어 ▶ **풍속(風俗):** 옛날부터 그 사회에 전해 오는 생활 전반에 걸친 습관 따위를 이르는 말.

11 손가락 지

指

획순: 一 十 扌 扩 抃 抃 指 指 指

단어 ▶ **지도(指導):** 어떤 목적이나 방향으로 남을 가르쳐 이끎.

12 가질 지

持

획순: 一 十 扌 扩 扌 扗 持 持 持

단어 ▶ **소지품(所持品):** 가지고 있는 물품.

37 일차

1 법칙 칙

則

획순: 丨 冂 冂 月 目 貝 貝 則 則

단어 원칙(原則): 어떤 행동이나 이론 따위에서 일관되게 지켜야 하는 기본적인 규칙이나 법칙.

2 한할 한 / 뉘우칠 한

恨

획순: 丶 丶 忄 忄 忄 忄 恨 恨 恨

단어 여한(餘恨): 풀지 못하고 남은 원한.

3 한정할 한

限

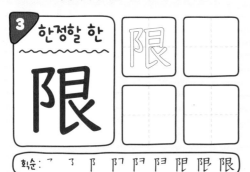

획순: 乛 阝 阝 阝 阝 限 限 限

단어 한계(限界): 물이나 능력, 책임 따위가 실제 작용할 수 있는 범위.

4 지경 계

界

획순: 丨 冂 冃 用 田 吊 昃 界 界

단어 정계(政界): 정치에 관련된 일에 종사하는 조직체나 개인의 활동 분야.

5 과목 과

科

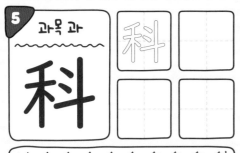

획순: 丿 二 千 禾 禾 禾 科 科 科

단어 과목(科目): 가르치거나 배워야 할 지식 및 경험의 체계를 세분하여 계통을 세운 영역.

6 날랠 용

勇

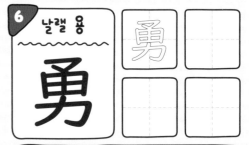

획순: 乛 乛 乛 乛 乛 甬 甬 勇 勇

단어 용기(勇氣): 씩씩하고 굳센 기운. 또는 사물을 겁내지 아니하는 기개.

7 위엄 위

威

획순: 丿 厂 厂 厅 反 反 反 威 威 威

단어 ➜ **위력(威力):** 상대를 압도할 만큼 강력함.

8 약속할 약

約

획순: 乡 乡 乡 糸 糸 糸 約 約

단어 ➜ **선약(先約):** 먼저 한 약속.

9 낯 면

面

획순: 一 丆 丆 而 而 面 面 面

단어 ➜ **평면(平面):** 평평한 표면.

10 머리 수

首

획순: 丷 丷 丷 丷 首 首 首 首

단어 ➜ **수도(首都):** 한 나라의 중앙 정부가 있는 도시.

11 놈 자

者

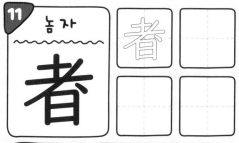

획순: 一 十 土 耂 耂 者 者 者

단어 ➜ **화자(話者):** 이야기를 하는 사람.

12 다 개

皆

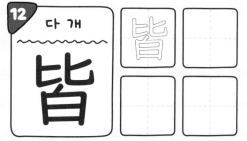

획순: 一 上 比 比 比 毕 毕 皆 皆

단어 ➜ **개근(皆勤):** 학교나 직장 따위에 일정한 기간 동안 하루도 빠짐없이 출석하거나 출근함.

38 일차

1 임금 황

皇

획순: ´ ' ⼍ 白 白 白 皇 皇 皇

단어 → 황제(皇帝): 왕이나 제후를 거느리고 나라를 통치하는 임금.

2 임금 제

帝

획순: ' ⼇ ⼇ 立 产 产 帝 帝 帝

단어 → 제국(帝國): 황제가 다스리는 나라.

3 군사 군

軍

획순: ' ⼍ 冖 冖 宮 宮 冒 軍 軍

단어 → 군비(軍備): 모든 군사 시설이나 장비.

4 손 객

客

획순: ' ⼌ 宀 宀 灾 灾 客 客 客

단어 → 객실(客室): 손님을 거처하게 하거나 접대할 수 있도록 정해 놓은 방.

5 어제 작

昨

획순: 丨 冂 日 日 旷 旷 旷 昨 昨

단어 → 작금(昨今): 바로 얼마 전부터 이제까지의 무렵. 요즈음.

6 항상 항

恒

획순: ' ' 忄 忄 忄 恒 恒 恒 恒

단어 → 항심(恒心): 늘 지니고 있는 떳떳한 마음.

7 편할 편

便

획순: ノ イ 仁 仁 仁 伊 佢 便 便

단어 ▶ **편법(便法)**: 정상적인 절차를 따르지 않은 간편하고 손쉬운 방법.

8 두터울 후

厚

획순: 一 厂 厂 厃 厚 厚 厚 厚 厚

단어 ▶ **중후(重厚)**: 태도 따위가 정중하고 무게가 있음.

9 물건 품

品

획순: 丨 口 口 모 品 品 品 品 品

단어 ▶ **용품(用品)**: 태도 따위가 정중하고 무게가 있음.

10 곧을 정

貞

획순: 丶 亠 ナ 占 占 肖 肖 貞 貞

단어 ▶ **충정(忠貞)**: 충성스럽고 절개가 굳음.

11 심할 심

甚

획순: 一 十 廿 甘 莊 其 其 甚 甚

단어 ▶ **후회막심(後悔莫甚)**: 더할 나위 없이 후회스러움.

12 법도 도

度

획순: 丶 亠 广 广 庐 庐 庐 度 度

단어 ▶ **한도(限度)**: 일정한 정도. 또는 한정된 정도.

39 일차

1 절 배
拜
획순: ´ ´ ⻊ 扌 扌 扌 扌 扌 拜
단어 세배(歲拜): 섣달그믐이나 정초에 웃어른께 인사로 하는 절.

2 향기 향
香
획순: ´ 二 千 千 禾 禾 香 香 香
단어 향료(香料): 향기를 내는 데 쓰는 물질.

3 목숨 명
命
획순: ノ 人 人 今 今 合 合 命 命
단어 생명(生命): 살아서 숨 쉬고 활동할 수 있게 하는 힘.

4 생각 념
念
획순: ノ 人 人 今 今 念 念 念
단어 신념(信念): 굳게 믿는 마음.

5 언덕 원/근원 원
原
획순: ´ 厂 厂 厂 厂 戶 原 原 原 原
단어 원동력(原動力): 모든 사물의 활동의 근원이 되는 힘.

6 뜰 정
庭
획순: ´ 亠 广 广 庐 庄 庄 庭 庭 庭
단어 가정(家庭): 한 가족으로서의 집안.

7 풀 초

草

획순: 一 十 艹 艹 艹 艹 芦 昔 草 草

단어 **화초(花草):** 꽃이 피는 풀과 나무. 또는 꽃이 없
더라도 분에 심어서 관상용이 되는 온갖 식물.

8 무성할 무

茂

획순: 一 十 艹 艹 艹 芦 茂 茂 茂

단어 **무성(茂盛):** 풀이나 나무 따위가 자라서 우거져
있음.

9 집 가

家

획순: 丶 丶 宀 宀 宁 宇 宇 家 家 家

단어 **가족(家族):** 부부를 기초로 하여 한 가정을 이루
는 사람들.

10 채울 충

充

획순: 丶 亠 去 去 产 充

단어 **충분(充分):** 분량이 적정하여 모자람이 없음.

11 고을 군

郡

획순: 一 ㄱ ㅋ 尹 尹 君 君 君 君 郡

단어 **군수(郡守):** 군(郡)의 행정을 맡아보는 으뜸 직
위에 있는 사람.

12 사내 랑

郎

획순: 丶 ㄱ ㅋ ㅋ 良 良 良 郎 郎

단어 **신랑(新郎):** 갓 결혼하였거나 결혼하는 남자.

40 일차

1 본디 소

素

회순: 一 二 丰 丰 丰 丰 丰 素 素 素

단어: **소질(素質)**: 본디부터 가지고 있는 성질. 또는 타고난 능력이나 기질.

2 클 태

泰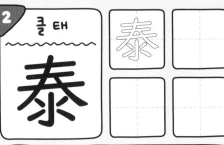

회순: 一 二 三 丰 夫 表 表 泰 泰 泰

단어: **태연(泰然)**: 마땅히 머뭇거리거나 두려워할 상황에서 태도나 기색이 아무렇지도 않은 듯이 예사로움.

3 약할 약

弱

회순: ¹ ² 弓 弓 弓 弓ʾ 弓ʾ 弱 弱 弱

단어: **병약(病弱)**: 병으로 인하여 몸이 쇠약함.

4 순수할 순

純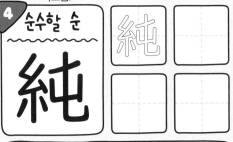

회순: ⺯ ⺯ ⺯ ⺯ 糸 糸 糸 紆 純 純

단어: **온순(溫純)**: 성질이나 마음씨가 온화하고 양순함.

5 세찰 렬

烈

회순: 一 丁 歹 歹 列 列 列 烈 烈 烈

단어: **열사(烈士)**: 나라를 위하여 절의를 굳게 지키며 충성을 다하여 싸운 사람.

6 기쁠 열

悅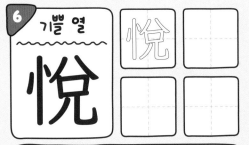

회순: ˙ ˙ ⺖ ⺖ 忄 忄 忄 悅 悅 悅

단어: **희열(喜悅)**: 기쁨과 즐거움. 또는 기쁘고 즐거워함.

7 펼 전

展

획순: 一 コ ㄷ 尸 尸 尸 屈 屈 展 展 展

단어 ▸ **발전(發展):** 더 낮고 좋은 상태나 더 높은 단계로 나아감.

8 뜰 부

浮

획순: 丶 丶 氵 氵 氵 浮 浮 浮 浮 浮

단어 ▸ **부상(浮上):** 물 위로 떠오름. 또는 어떤 현상이 관심의 대상이 됨.

9 사라질 소

消

획순: 丶 丶 氵 氵 氵 消 消 消 消 消

단어 ▸ **취소(取消):** 발표한 의사를 거두어들이거나 예정된 일을 없애 버림.

10 보낼 송

送

획순: 丿 八 今 关 关 关 送 送 送

단어 ▸ **송금(送金):** 돈을 부쳐 보냄.

11 따를 추

追

획순: 丿 丨 㠯 㠯 自 自 追 追 追

단어 ▸ **추가(追加):** 나중에 더 보탬.

12 거스를 역

逆

획순: 丶 丷 丷 쓰 쓰 쑈 逆 逆 逆

단어 ▸ **역설(逆說):** 어떤 주의나 주장에 반대되는 이론이나 말.

99

1 다음 한자의 뜻을 괄호 안에 넣어, 한자를 완성해 볼까요?

예 大
(큰)대

1 思
( )사

2 音
( )음

3 限
( )한

4 厚
( )후

5 純
( )순

2 다음 한자의 음을 괄호 안에 넣어, 한자를 완성해 볼까요?

예 大
큰(대)

6 保
보호할( )

7 計
셀( )

8 約
약속할( )

9 展
펼( )

10 追
따를( )

3 다음 빈칸에 들어가면 자연스러운 한자를 보기에서 골라 주세요.

①降 ②庭 ③指 ④度 ⑤則 ⑥省 ⑦消 ⑧待

11 기⬚가 크면 실망도 큰 편이다. 답:

12 범인은 아무런 반⬚의 기색을 보이지 않았다. 답:

13 선생님의 ⬚도에 따라 열심히 공부했다. 답:

14 다수결의 원⬚에 따라 결정이 내려졌다. 답:

15 결혼하여 한 가⬚의 가장이 되었다. 답:

4 밑줄 친 한자를 한글로 바꿔 주세요.

예 그는 눈에 잘 띄지 않는 **平凡**한 사람이다. 답:평범

16 문제를 읽고 출제자의 의도를 정확히 **看破**했다. 답:

17 편의점 앞에서 **拾得**한 지갑을 파출소에 맡겼다. 답:

18 태풍의 **威力**이 점점 강해지고 있다. 답:

19 입학 과정에서 온갖 **便法**과 특혜 입학이 이루어졌다. 답:

20 무척 놀랐으나 겉으로는 **泰然**한 척했다. 답:

산리오캐릭터즈의 편지

벌써 40일 차까지 성공했군요! 정말 대단해요!

여기까지 왔다면 남은 부분도 끝까지 완주할 수 있을 거예요.

앞으로는 조금 더 어려운 한자들이 나오는데,

획수가 많고 모양이 복잡해진 만큼 칸 크기를 늘렸어요.

크~게 써보면서 한자의 생김새를 손에 익혀보세요.

한 번에 익혀지지 않더라도 걱정하지 말아요!

뜻과 음만 기억하더라도 분명 나중에 도움이 된답니다.

무엇이든 즐겁게 해야 계속 할 수 있어요. 3단계도 화이팅!

3단계
매운맛 한자

3단계에서는 2단계에서 배운 한자들을 응용한
비교적 난이도가 높은 한자들을 배우게 됩니다.
하루에 12개의 한자를 딱 4번씩만 써 보아요!

41 일차

1 뼈 골

획순: ⎢ ⎕ ⎕ ⎕ ⎕ 咼 咼 骨 骨 骨

단어 **유골(遺骨):** 죽은 사람을 화장하고 남은 뼈.
골품(骨品): 신라 때 있던 혈통상의 계급적 등급.

2 가슴 흉

획순: ⎢ ⎚ ⎚ 月 肝 肜 肣 匈 胷 胸

단어 **기흉(氣胸):** 다치거나 결핵, 폐렴따위로 흉막강 안에 공기가 차 있는 상태.
흉상(胸像): 인체의 머리에서 가슴까지의 모습을 나타낸 조각상이나 초상화.

3 말 마

획순: ⎢ ⎡ ⎡ 斤 斤 馬 馬 馬 馬 馬

단어 **승마(乘馬):** 말을 탐.
출마(出馬): 선거에 입후보함.

4 까마귀 오

획순: ´ ´ ŕ ŕ 户 乌 乌 鸟 鸟 烏

단어 **오합지졸(烏合之卒):** 까마귀가 모인 것처럼 질서가 없이 모인 병졸이라는 뜻으로, 임시로 모여들어서 규율이 없고 무질서한 병졸 또는 군중을 이르는 말.
오골계(烏骨鷄): 깃털 · 가죽 · 살 · 뼈가 모두 검은 빛깔인 닭 품종.

5 섬 도

획순: ´ ´ ŕ ŕ 户 乌 鸟 鸟 島 島

단어 **반도(半島):** 한 쪽만 대륙에 연결되고 삼면이 바다에 둘러싸인 육지.
열도(列島): 줄을 지은 모양으로 죽 늘어선 여러 개의 섬.

6 할아버지 조

획순: ´ 二 亍 亓 禾 利 利 和 祖 祖

단어 **선조(先祖):** 먼 윗대의 조상.
조국(祖國): 조상 때부터 대대로 살던 나라.

105

7 손자 손

획순:

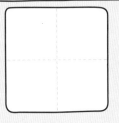

단어 ▶ **장손(長孫):** 한집안에서 맏이가 되는 후손.
후손(後孫): 자신의 세대에서 여러 세대가 지난 뒤의 자녀를 통틀어 이르는 말.

8 스승 사

획순:

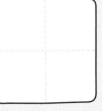

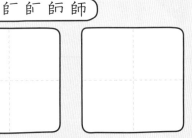

단어 ▶ **은사(恩師):** 가르침을 받은 은혜로운 스승.
사제(師弟): 스승과 제자를 아울러 이르는 말.

9 귀신 신

획순:

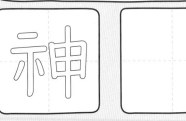

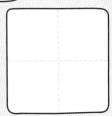

단어 ▶ **신화(神話):** 고대인의 사유나 표상이 반영된 신성한 이야기.
심신(心神): 마음과 정신을 아울러 이르는 말.

10 때 시

획순: 丨 冂 冃 日 旪 旪 昉 昉 時 時

時

時

단어 시기(時期): 어떤 일이나 현상이 진행되는 시점.
유사시(有事時): 급하거나 비상한 일이 일어날 때.

11 병 병

획순: 丶 亠 广 广 疒 疒 疒 病 病 病

病

病

단어 발병(發病): 병이 남.
간병(看病): 앓는 사람이나 다친 사람의 곁에서 돌보고 시중을 듦.

12 기운 기

획순: 丿 ⺊ 乍 气 气 気 気 氣 氣 氣

氣

氣

단어 생기(生氣): 싱싱하고 힘찬 기운.
경기(景氣): 매매나 거래에 나타나는 호황·불황 따위의 경제 활동 상태.

42 일차

1 술 주

酒

획순: ` ` シ シ 沪 沪 洒 洒 酒 酒

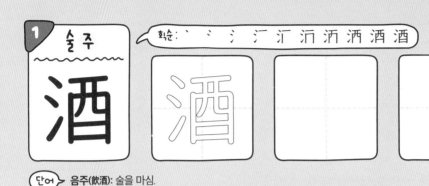

> **단어** 음주(飮酒): 술을 마심.
> 금주(禁酒): 술을 마시지 못하게 함. 또는 술을 마시던 사람이 술을 먹지 않고 끊음.

2 바늘 침

針

획순: ノ ／ ト ᜑ ᜑ 牟 牟 余 金 金 針

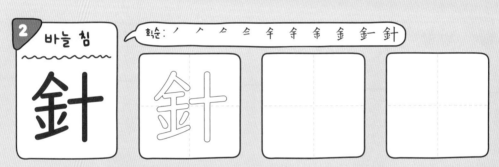

> **단어** 시침(時針): 시계에서, 시를 가리키는 짧은 바늘.
> 지침(指針): 생활이나 행동 따위의 지도적 방법이나 방향을 인도하여 주는 준칙.

3 글 서

書

획순: ᐭ ᐭ ᖋ ᖋ 聿 書 書 書 書 書

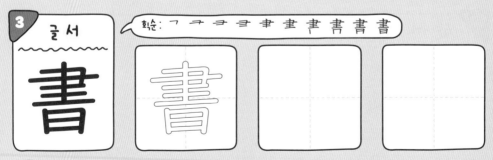

> **단어** 문서(文書): 글이나 기호 따위로 일정한 의사나 관념 또는 사상을 나타낸 것.
> 서기(書記): 단체나 회의에서 문서나 기록 따위를 맡은 사람.

4 종이 지

획순: 〈 幺 幺 幺 幺 糸 糸 糽 糽 紙 紙

紙

단어 **용지(用紙):** 어떤 일에 쓰는 종이.
백지(白紙): 아무것도 적지 않은 비어 있는 종이.

5 낱 개

획순: 丿 亻 亻 伫 個 個 個 個 個 個

個

단어 **개별(個別):** 여럿 중에서 하나씩 따로 나뉘어 있는 상태.
개성(個性): 다른 사람이나 개체와 구별되는 고유의 특성.

6 탈 승

획순: 丿 二 千 千 壬 乖 乖 乖 乗 乘

乘

단어 **승차(乘車):** 차를 탐.
승객(乘客): 차, 배, 비행기 따위의 탈것을 타는 손님.

7 일어날 기

획순: 一 十 土 キ キ キ 走 走 起 起 起

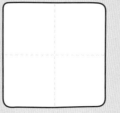

단어 → 기립(起立): 일어나서 섬.
상기(想起): 지난 일을 돌이켜 생각하여 냄.

8 잘 면

획순: 丨 冂 刀 冃 目 目 町 町 眠 眠

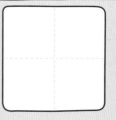

단어 → 불면(不眠): 잠을 자지 못함.
동면(冬眠): 겨울이 되면 동물이 활동을 중단하고 땅속 따위에서 겨울을 보내는 일.

9 씻을 세

획순: 丶 冫 氵 氵 氵 沪 汻 洗 洗

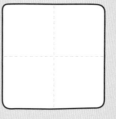

단어 → 세안(洗顔): 얼굴을 씻음.
세뇌(洗腦): 사람이 본디 가지고 있던 의식을 다른 방향으로 바꾸게 하거나, 특정한 사상·주의를 따르도록 뇌리에 주입하는 일.

 10 흐를 류

획순: ` ``  ` ` ` ` ` ` `` ` ` 氵 汁 法 法 沛 流 流

 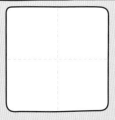 

단어 **유통(流通):** 상품 따위가 생산자에서 소비자, 수요자에 도달하기까지 여러 단계에서 교환되고 분배되는 활동.
　　　역류(逆流): 물 따위가 거꾸로 흐름.

 **11 몸씻을 욕**

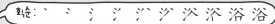 획순: ` `` ` ` ` ` 氵 氵 氵 浴 浴 浴

  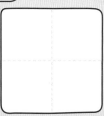

단어 **욕실(浴室):** 목욕할 수 있도록 시설을 갖춘 방.
　　　입욕(入浴): 목욕탕에 들어감. 또는 목욕을 함.

 **12 닦을 수**

획순: ノ 亻 亻 伩 伩 佟 修 修 修

 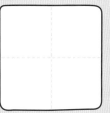 

단어 **수리(修理):** 고장 나거나 허름한 데를 손보아 고침.
　　　수도(修道): 도를 닦음.

43일차

1 빌릴 차

획순:

 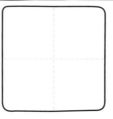 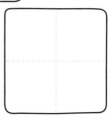

단어 **차입(借入)**: 돈이나 물건을 꾸어 들임.
차명(借名): 남의 이름을 빌려 씀.

2 머무를 류

획순: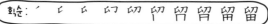

  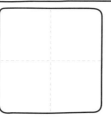 

단어 **유의(留意)**: 마음에 새겨 두어 조심하며 관심을 가짐.
보류(保留): 어떤 일을 당장 처리하지 아니하고 나중으로 미루어 둠

3 물러날 퇴

획순: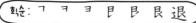

 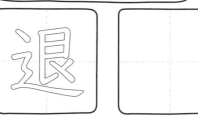 

단어 **후퇴(後退)**: 뒤로 물러남.
퇴보(退步): 뒤로 물러감. 또는 정도나 수준이 이제까지의 상태보다 뒤떨어지거나 못하게 됨.

4 쏠 사

획순: ´ ´ ´ ´ ´ ´ ´ ´ 身 身 身 射 射

 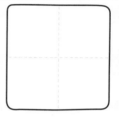 

단어 **사수(射手):** 대포나 총, 활 따위를 쏘는 사람.
반사(反射): 정한 방향으로 나아가던 파동이 다른 물체의 표면에 부딪쳐서 나아가던 방향을 반대로 바꾸는 현상.

5 가르칠 훈

획순: ` ゛ ゛ ゠ 言 言 言 訂 訓 訓

 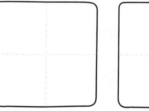 

단어 **교훈(教訓):** 앞으로의 행동이나 생활에 지침이 될 만한 것을 가르침.
훈방(訓放): 일상생활에서 가벼운 죄를 범한 사람을 훈계하여 놓아줌.

6 기록 기

획순: ` ゛ ゛ ゠ 言 言 言 記 記 記

 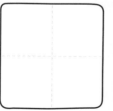 

단어 **기사(記事):** 사실을 적음.
기념(記念): 어떤 뜻깊은 일이나 훌륭한 인물 등을 오래도록 잊지 아니하고 마음에 간직함.

7 깨달을 오

획순:  ᆞ ᆢ ᆞ 忄 忄 忄 悟 悟 悟 悟 悟

悟

단어 각오(覺悟): 앞으로 해야 할 일이나 겪을 일에 대한 마음의 준비.
회오(悔悟): 잘못을 뉘우치고 깨달음.

8 헤아릴 료

획순: ᆞ ᆢ ᆞ 半 米 米 米 料 料 料

料

단어 무료(無料): 요금이 없음.
재료(材料): 물건을 만들 때 바탕으로 사용하는 것.

9 이를 치

획순: 一 ᆍ ᆍ ᆍ 至 至 至 致 致 致

致

단어 일치(一致): 비교되는 대상들이 서로 어긋나지 아니하고 같거나 들어맞음.
치명(致命): 죽을 지경에 이름.

10 빌 축

획순: 一 二 亍 亍 亓 齐 祁 祁 祀 祝

祝

> 단어 **축복(祝福)**: 복을 빎.
> **축가(祝歌)**: 축하의 뜻을 담은 노래.

11 웃음 소

획순: 丿 广 广 从 丛 竺 笫 竺 竺 笑

笑

> 단어 **냉소(冷笑)**: 쌀쌀한 태도로 비웃음.
> **실소(失笑)**: 어처구니가 없어 저도 모르게 웃음이 툭 터져 나옴.

12 얼굴 용/담을 용

획순: 丶 宀 宀 宁 灾 灾 突 究 容 容

容

> 단어 **용모(容貌)**: 사람의 얼굴 모양.
> **용인(容認)**: 다른 사람의 말이나 행동을 너그럽게 받아들여 인정함.

44일차

1 특별할 특 　　획순:

 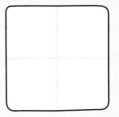 

> 단어 　**특성(特性):** 일정한 사물에만 있는 특수한 성질.
> 　　　**특종(特種):** 특별한 종류. 또는 어떤 특정한 신문사나 잡지사에서만 얻은 중요한 기사.

2 본받을 효 　　획순:

   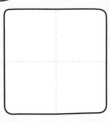

> 단어 　**효과(效果):** 어떤 목적을 지닌 행위에 의하여 드러나는 보람이나 좋은 결과.
> 　　　**무효(無效):** 보람이나 효과가 없음.

3 능할 능 　　획순:

  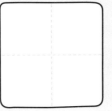 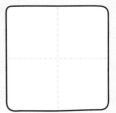

> 단어 　**능력(能力):** 일을 감당해 낼 수 있는 힘.
> 　　　**능동(能動):** 스스로 내켜서 움직이거나 작용함.

116

4 높을 고

획순: ` ㅗ ㅗ 古 古 古 高 高 高 高

高

단어 **고위(高位):** 높고 귀한 지위.
　　　고수(高手): 어떤 분야나 집단에서 기술이나 능력이 매우 뛰어난 사람.

5 학교 교

획순: 一 十 オ 木 朼 朼 柼 柼 柼 校

校

단어 **모교(母校):** 자기가 다니거나 졸업한 학교.
　　　휴교(休校): 학교가 수업을 하지 않고 일정 기간 동안 쉼.

6 무리 도

획순: ′ 彳 彳 彳 彳 往 往 往 徒 徒

徒

단어 **생도(生徒):** 군의 교육 기관, 특히 사관 학교의 학생.
　　　신도(信徒): 어떤 일정한 종교를 믿는 사람.

117

7 자리 석

획순: ' 宀 广 户 庐 府 庐 庐 席 席

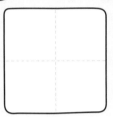

단어 **착석(着席):** 자리에 앉음.
수석(首席): 등급이나 직위 따위에서 맨 윗자리.

8 안건 안/책상 안

획순: ' 宀 宀 灾 宊 安 安 宲 案 案

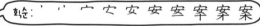

단어 **안내(案內):** 어떤 내용을 소개하여 알려 줌.
안건(案件): 토의하거나 조사하여야 할 사실.

9 참 진

획순: 一 匕 乍 乍 片 片 冑 直 直 眞 眞

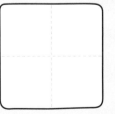

단어 **진실(眞實):** 거짓이 없는 사실.
진심(眞心): 거짓이 없는 참된 마음.

10 은혜 은

획순 : 丨 冂 冂 冃 囚 因 因 恩 恩 恩

恩

단어 　은인(恩人): 자신에게 은혜를 베푼 사람.
　　　보은(報恩): 은혜를 갚음.

11 인륜 륜

획순 : 丿 亻 亻 仐 伶 伶 伶 伶 倫 倫

倫

단어 　윤리(倫理): 사람으로서 마땅히 행하거나 지켜야 할 도리.
　　　오륜(五倫): 유학에서, 사람이 지켜야 할 다섯 가지 도리. 부자유친, 군신유의, 부부유별, 장유유서, 붕우유신을
　　　이름.

12 나그네 려

획순 : 丶 ㄅ 方 方 方 方 扩 旅 旅 旅

旅

단어 　여행(旅行): 일이나 유람을 목적으로 다른 고장이나 외국에 가는 일.
　　　여객(旅客): 기차, 비행기, 배 따위로 여행하는 사람.

45일차

학습일 ○월 ○일

1 덜 제

除

회순: ㇇ 了 阝 阝' 阝𠆢 阝合 阝亼 阝余 除 除

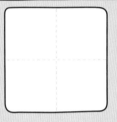

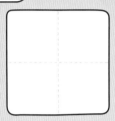

단어

해제(解除): 설치하였거나 장비한 것 따위를 풀어 없앰. 또는 묶인 것이나 행동에 제약을 가하는 법령 따위를 풀어 자유롭게 함.
제명(除名): 구성원 명단에서 이름을 빼어 구성원 자격을 박탈함.

2 더할 익

益

회순: 丶 丷 䒑 产 兴 𠔉 𥁃 益 益 益

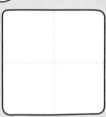

단어

수익(收益): 이익을 거두어들임.
이익(利益): 물질적으로나 정신적으로 보탬이 되는 것.

3 재물 재

財

회순: 丨 冂 月 月 目 貝 貝 貝一 財 財

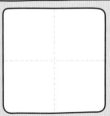

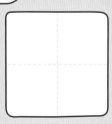

단어

재산(財産): 재화와 자산을 통틀어 이르는 말.
재력(財力): 재물의 힘. 또는 재산상의 능력.

4 물결 랑

획순: `丶 丶 氵 氵 汀 泸 泸 浪 浪 浪`

浪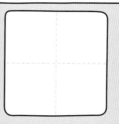

단어 **낭설(浪說):** 터무니없는 헛소문.
방랑(放浪): 정한 곳 없이 이리저리 떠돌아다님.

5 깨뜨릴 파

획순: `一 丆 不 石 石 石 矿 砿 破 破`

破

단어 **타파(打破):** 부정적인 규정, 관습, 제도 따위를 깨뜨려 버림.
파산(破産): 재산을 모두 잃고 망함.

6 해할 해

획순: `丶 宀 宁 宁 宇 宔 宔 害 害 害`

害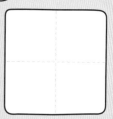

단어 **가해(加害):** 다른 사람의 생명이나 신체, 재산, 명예 따위에 해를 끼침.
유해(有害): 해로움이 있음.

7 뿌리 근

획순:

 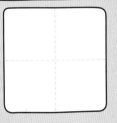 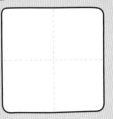

根

단어 **근성(根性):** 태어날 때부터 지니고 있는 근본적인 성질.
어근(語根): 한 낱말의 중심이 되는 요소로서 더는 가를 수 없는 부분.

8 밭갈 경

획순:

耕

  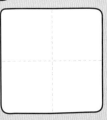

단어 **농경(農耕):** 논밭을 갈아 농사를 지음.
경작(耕作): 땅을 갈아서 농사를 지음.

9 심을 재

획순:

栽

 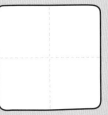 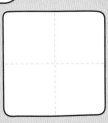

단어 **재배(栽培):** 식물을 심어 가꿈.
분재(盆栽): 화초나 나무 따위를 화분에 심어서 줄기나 가지를 보기 좋게 가꿈.

10 빽빽할 밀

획순:

密

단어 밀집(密集): 빈틈없이 빽빽하게 모임.
밀접(密接): 아주 가깝게 맞닿아 있음.

11 깊을 심

획순: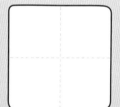

深

단어 심화(深化): 정도나 경지가 점점 깊어짐.
심심(甚深): 마음의 표현 정도가 매우 깊고 간절함.

12 얕을 천

획순: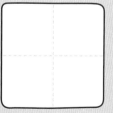

淺

단어 천박(淺薄): 학문이나 생각 따위가 얕거나, 말이나 행동 따위가 상스러움.
비천(卑賤): 지위나 신분이 낮고 천함.

123

46일차

1 맑을 청

획순: `  ` 氵 氵 氵 淸 淸 淸 淸 淸

  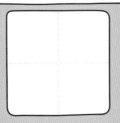 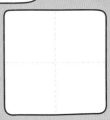

단어 **청정(淸淨):** 맑고 깨끗함.
청명(淸明): 맑고 밝음.

2 맑을 숙

획순: `  ` 氵 氵 汁 汁 汁 沫 淑 淑

 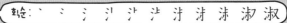   

단어 **정숙(貞淑):** 여자로서 행실이 곧고 마음씨가 맑고 고움.
숙녀(淑女): 교양과 예의와 품격을 갖춘 현숙한 여자.

3 깨끗할 정

획순: `  ` 氵 氵 氵 沪 浄 浄 浄 淨

 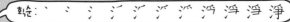  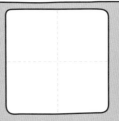 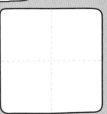

단어 **세정(洗淨):** 씻어서 깨끗이 함.
정화(淨化): 불순하거나 더러운 것을 깨끗하게 함.

4 곳 처

획순: `丿 卜 丨 户 户 虍 虍 虐 處 處 處`

處

단어 **처분(處分):** 처리하여 치움.
　　선처(善處): 형편에 따라 잘 처리함.

5 집 당

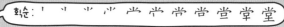
획순: `丨 丨 丬 丬 屵 屵 芇 尚 堂 堂 堂`

堂

단어 **명당(明堂):** 어떤 일에 썩 좋은 자리.
　　서당(書堂): 예전에, 한문을 사사로이 가르치던 곳

6 들 야

획순: `丨 冂 円 日 旦 甲 里 里 野 野 野`

野

단어 **분야(分野):** 여러 갈래로 나누어진 범위나 부분.
　　시야(視野): 시력이 미치는 범위.

125

7 물 륙

획순: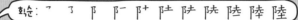

 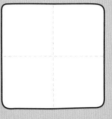 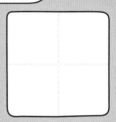

단어 ▶ **대륙(大陸):** 넓은 면적을 가지고 해양의 영향이 내륙부에까지 직접적으로 미치지 않는 육지.
이륙(離陸): 비행기 따위가 날기 위하여 땅에서 떠오름.

8 눈 설

획순:

 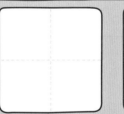 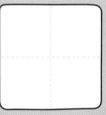

단어 ▶ **대설(大雪):** 아주 많이 오는 눈.
제설(除雪): 쌓인 눈을 치움.

 9 나라 국

획순:

 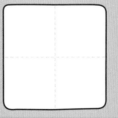 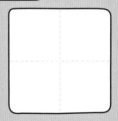

단어 ▶ **애국(愛國):** 자기 나라를 사랑함.
귀국(歸國): 외국에 나가 있던 사람이 자기 나라로 돌아오거나 돌아감.

10 새 조

획순: ´ ⁄ ⼴ ⼾ 阜 自 鳥 鳥 鳥 鳥 鳥

鳥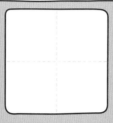

단어 조류(鳥類): 조강의 척추동물을 일상적으로 통틀어 이르는 말.
길조(吉鳥): 관습적으로 좋은 일을 가져온다고 여기는 새.

11 물고기 어

획순: ´ ⁄ ⼸ 匇 免 角 鱼 鱼 魚 魚 魚

魚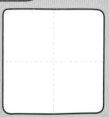

단어 수어지교(水魚之交): 물과 물고기의 관계라는 뜻으로, 서로 떨어질 수 없는 매우 친밀한 사이를 비유적으로 이르는 말.
인어(人魚): 상반신은 사람과 같고 하반신은 물고기와 같다는 상상의 바다 동물.

12 배 선

획순: ´ ⼿ 丿 月 舟 舟 舟丶 船 船 船

船

단어 조선(造船): 배를 설계하여 만듦.
선원(船員): 배의 승무원.

47일차

학습일 ○월 ○일

1 오직 유

唯

획순: 丨 ㅁ 口 口' 口ㅣ 口ㅣ' 口ㅣ' 口ㅏ 口隹 唯 唯

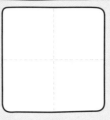

단어

유일(唯一): 오직 하나밖에 없음.
유아독존(唯我獨尊): 세상에서 자기 혼자 잘났다고 뽐내는 태도.

2 오히려 유

猶

획순: 丿 犭 犭 犭' 犭'' 犭 犭 犹 犹 猶 猶 猶

단어

유예(猶豫): 망설여 일을 결행하지 아니함. 또는 일을 결행하는 데 날짜나 시간을 미룸.
과유불급(過猶不及): 정도를 지나침은 미치지 못함과 같다는 뜻으로, 중용이 중요함을 이르는 말.

3 몇 기

幾

획순: 乚 幺 幺 幺' 幺幺 幺幺 幺幺 幾 幾 幾 幾 幾

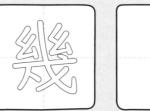

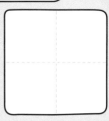

단어

기하학(幾何學): 도형 및 공간의 성질에 대하여 연구하는 학문.
기미(幾微): 어떤 일을 알아차릴 수 있는 눈치. 또는 일이 되어 가는 야릇한 분위기.

4 빠를 속

획순: 一 丆 亓 丆 击 市 東 束 速

단어 ▸ **고속(高速):** 매우 빠른 속도.
속독(速讀): 책 따위를 빠른 속도로 읽음.

5 가난할 빈

획순: 丷 八 分 分 分 贫 贫 贫 贫 貧 貧

단어 ▸ **빈혈(貧血):** 혈액 속의 적혈구 또는 헤모글로빈이 정상값 이하로 감소한 상태.
빈부(貧富): 가난함과 부유함을 아울러 이르는 말.

6 가늘 세

획순: 乡 纟 纟 纟 糸 糸 糸 紅 紅 細 細

단어 ▸ **세심(細心):** 작은 일에도 꼼꼼하게 주의를 기울여 빈틈이 없음.
세밀(細密): 자세하고 꼼꼼함.

129

7 훌륭할 위

획순:

  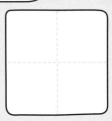

단어 ▶ **위대(偉大):** 도량이나 능력, 업적 따위가 뛰어나고 훌륭함.
위인(偉人): 뛰어나고 훌륭한 사람.

8 높을 숭

획순:

  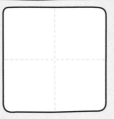 

단어 ▶ **숭고(崇高):** 뜻이 높고 고상함.
숭배(崇拜): 우러러 공경함.

9 굳을 견

획순:

  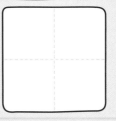 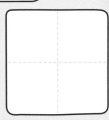

단어 ▶ **견고(堅固):** 굳고 단단함.
중견(中堅): 어떤 단체나 사회에서 중심이 되는 사람.

10 이미 기

획순: ⺊ ⺁ ⺈ 白 白 白 自 自 皀 皀 旣

旣

단어 **기존(旣存):** 이미 존재함.
기시감(旣視感): 한 번도 경험한 일이 없는 상황이나 장면이 언제, 어디에선가 이미 경험한 것처럼 친숙하게 느껴지는 일.

11 늦을 만

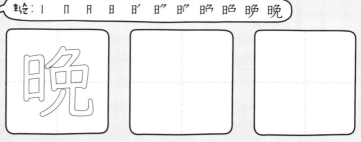
획순: 丨 冂 日 日 日' 日⺈ 昈 昈 晚 晚

晚

단어 **만학(晚學):** 나이가 들어 뒤늦게 공부함.
만혼(晚婚): 나이가 들어 늦게 결혼함.

12 마칠 종

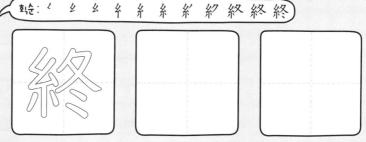
획순: 乚 乞 幺 糸 幺 糸 糸 終 終 終 終

終

단어 **종결(終結):** 일을 끝냄.
종말(終末): 계속된 일이나 현상의 맨 끝.

131

복습 퀴즈

1 다음 한자의 뜻을 괄호 안에 넣어, 한자를 완성해 볼까요?

예 大
(큰)대

1 骨
( )골

2 書
( )서

3 倫
( )륜

4 密
( )밀

5 船
( )선

2 다음 한자의 음을 괄호 안에 넣어, 한자를 완성해 볼까요?

예 大
큰(대)

6 島
섬( )

7 眠
잘( )

8 退
물러날( )

9 處
곳( )

10 堅
굳을( )

132

3 다음 빈칸에 들어가면 자연스러운 한자를 보기에서 골라 주세요.

①洗 ②氣 ③能 ④訓 ⑤笑 ⑥眞 ⑦野 ⑧神

11 단군 화에 대한 애니메이션을 봤다.　　　답:

12 피부 청결을 위해 안에 신경을 쓰고 있다.　　답:

13 독서를 통해 많은 교 을 얻고 있다.　　　답:

14 자신의 력에 한계를 두지 않는 것이 중요하다.　답:

15 한 분 의 일인자가 되는 것이 꿈이다.　　답:

4 밑줄 친 한자를 한글로 바꿔 주세요.

예 그는 눈에 잘 띄지 않는 **平凡**한 사람이다.　답:평범

16 그 계획은 일단 **保留**를 하기로 했다.　　답:

17 **借名**으로 금융거래를 하는 것은 불법이다.　답:

18 눈이 마주치자 묘한 **旣視感**에 사로잡혔다.　답:

19 많은 분들의 노고에 **甚深**한 경의를 표한다.　답:

20 단계적 접근을 위해 계도와 **猶豫**기간을 가졌다.　답:

48 일차

1 하늘 건/마를 건

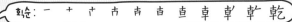
획순: 一 十 十 市 古 吉 直 卓 卓 軯 乾

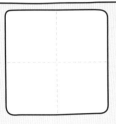

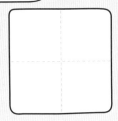

단어
건어물(乾魚物): 생선, 조개류 따위를 말린 식품.
건달(乾達): 하는 일 없이 빈둥빈둥 놀거나 게으름을 부리는 사람. 또는 아무것도 가진 것 없이 난동을 부리고 다니는 사람.

2 그늘 음

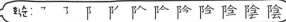
획순: ᄀ ᄀ ᄀ ᄓ ᄓ 阝 阜 阜 阜 陰 陰 陰

단어
음지(陰地): 볕이 잘 들지 아니하는 그늘진 곳.
음흉(陰凶): 겉으로는 부드러워 보이나 마음속으로는 엉큼하고 흉악함.

3 창문 창

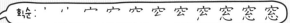
획순: ` ' 宀 宀 灾 灾 宓 窗 窗 窗

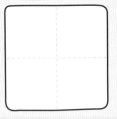

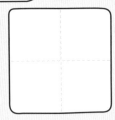

단어
창구(窓口): 창을 내거나 뚫어 놓은 곳.
동창(同窓): 같은 학교에서 공부를 한 사이.

4 글월 장

획순: ` ` ` ` ` ` ` 产 产 产 音 音 章 章

章

단어 **문장(文章):** 생각이나 감정을 말과 글로 표현할 때 완결된 내용을 나타내는 최소의 단위.
지장(指章): 도장을 대신하여 손가락에 인주 따위를 묻혀 그 지문을 찍은 것.

5 물을 문

획순: ` ` ` ` ` ` 門 門 門 問 問 問

問

단어 **학문(學問):** 어떤 분야를 체계적으로 배워서 익힘.
설문(設問): 조사를 하거나 통계 자료 따위를 얻기 위하여 어떤 주제에 대하여 문제를 내어 물음.

6 가르칠 교

획순: ` ` ` ` ` 杢 杢 孝 孝 教 教

教

단어 **교육(敎育):** 지식과 기술 따위를 가르치며 인격을 길러 줌.
교무(敎務): 학생을 가르치는 일에 대한 사무.

48일차

7 익힐 습

획순: ㄱ ㄲ ㄲ ㄲㄱ ㄲㄲ ㄲㄲ ㄲㄲ 習 習 習 習

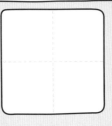

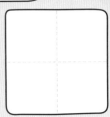

단어 **상습(常習):** 늘 하는 버릇.
실습(實習): 이미 배운 이론을 토대로 하여 실제로 해 보고 익히는 일.

8 줄 수

획순: 一 十 才 扌 扩 扩 扩 护 护 授 授

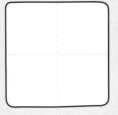

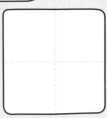

단어 **전수(傳授):** 기술이나 지식 따위를 전하여 줌.
수여(授與): 증서, 상장, 훈장 따위를 줌.

9 갈 연

획순: 一 ㄱ 丆 石 石 石 矸 研 研 研 研

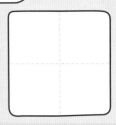

단어 **연구(研究):** 어떤 일이나 사물에 대하여서 깊이 있게 조사하고 생각하여 진리를 따져 보는 일.
연수(研修): 학문 따위를 연구하고 닦음.

10 힘쓸 무

획순: ㄱ マ ㅈ 予 矛 矛 矛 矛 矜 務 務

단어 **사무(事務):** 자신이 맡은 직책에 관련된 여러 가지 일을 처리하는 일.
채무(債務): 빚을 갚아야 하는 의무.

11 잡을 집

획순: 一 十 土 キ キ 去 去 幸 幸 刘 執 執

단어 **집념(執念):** 한 가지 일에 매달려 마음을 쏟음.
집행(執行): 실제로 시행함.

12 캘 채

획순: 一 十 扌 扩 扩 挙 挙 挙 採 採 採

단어 **채용(採用):** 사람을 골라서 씀.
채집(採集): 자연 상태의 동식물이나 곤충, 광석 등을 널리 찾아서 모으거나 캐서 모음.

137

49일차

1 얻을 득

획순: ⌒ ⌒ ⌒ ⌒ ⌒ ⌒ ⌒ 得 得 得

  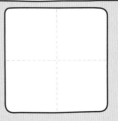 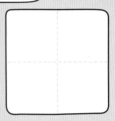

단어 **소득(所得):** 일한 결과로 얻은 정신적 · 물질적 이익.
습득(習得): 학문이나 기술 따위를 배워서 자기 것으로 함.

2 찾을 탐

획순: ⌒ ⌒ ⌒ ⌒ ⌒ ⌒ ⌒ 探 探 探 探

   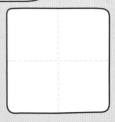

단어 **탐문(探問):** 알려지지 않은 사실이나 소식 따위를 알아내기 위하여 이리저리 찾아다니며 물음.
탐지(探知): 드러나지 않은 사실이나 물건 따위를 더듬어 찾아 알아냄.

3 찾을 방

획순: ⌒ ⌒ ⌒ ⌒ ⌒ ⌒ ⌒ 訪 訪 訪

   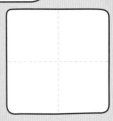

단어 **방문(訪問):** 어떤 사람이나 장소를 찾아가서 만나거나 봄.
내방(來訪): 만나기 위하여 찾아옴.

4 움직일 동

획순: 一 ㄇ ㄒ 刁 듭 듭 듭 重 重 動 動

단어 ▶ **공동(共動)**: 둘 이상의 사람이나 단체가 함께 일을 하거나, 같은 자격으로 관계를 가짐
　　　선동(煽動): 남을 부추겨 어떤 일이나 행동에 나서도록 함.

5 만날 봉

획순: 丿 ㄅ ㄆ 夂 夆 夆 夆 逢

단어 ▶ **상봉(相逢)**: 서로 만남.
　　　봉착(逢着): 어떤 처지나 상태에 부닥침.

6 참여할 참

획순: 丶 ㄅ ㄥ ㄥ ㄥ ㄥ ㄥ 矢 矢 叅 參

단어 ▶ **참가(參加)**: 모임이나 단체 또는 일에 관계하여 들어감.
　　　지참(持參): 무엇을 가지고서 모임 따위에 참여함.

7 벗을 탈

획순: `丿 刀 刀 月 月 肜 肞 肸 脫 脫 脫`

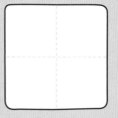

단어 ─ **이탈(離脫):** 어떤 범위나 대열 따위에서 떨어져 나오거나 떨어져 나감.
탈선(脫線): 기차가 선로에서 벗어남 또는 말이나 행동이 바른 길에서 벗어남.

8 닫을 폐

획순: `丨 冂 冂 冃 冃 冃 門 門 門 閂 閉 閉`

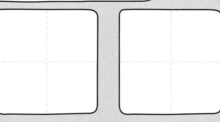

단어 ─ **밀폐(密閉):** 샐 틈이 없이 꼭 막거나 닫음.
폐문(閉門): 문을 닫음.

9 지을 조

획순: `丿 一 生 生 生 告 告 告 造`

단어 ─ **조작(造作):** 어떤 일을 사실인 듯이 꾸며 만듦.
조경(造景): 경치를 아름답게 꾸밈.

10 밀 추

推

획순: 一 十 扌 扌 扩 护 扩 拃 推 推 推

단어 **추리(推理):** 알고 있는 것을 바탕으로 알지 못하는 것을 미루어서 생각함.
유추(類推): 같은 종류의 것 또는 비슷한 것에 기초하여 다른 사물을 미루어 추측하는 일.

11 옮길 이

移

획순: 一 二 千 千 禾 禾 秋 秒 移 移 移

단어 **이동(移動):** 움직여 옮김. 또는 움직여 자리를 바꿈.
이입(移入): 옮기어 들임.

12 좇을 종

從

획순: 一 ㄱ 彳 彳 彳 犹 犹 犹 徔 徔 從

단어 **종업(從業):** 어떤 업무에 종사함.
추종(追從): 남의 뒤를 따라서 좇음.

141

50일차

1 이을 련

획순: 一 厂 厂 币 亘 亘 車 連

連

連

단어 일련(一連): 하나로 이어지는 것.
연패(連覇): 운동 경기 따위에서 연달아 우승함.

2 베풀 설

획순: 丶 二 言 言 言 言 言 言 設 設 設

設

設

단어 설치(設置): 어떤 일을 하는 데 필요한 기관이나 설비 따위를 베풀어 둠.
설립(設立): 기관이나 조직체 따위를 만들어 일으킴.

3 부를 창

획순: 丨 冂 口 叩 叩 叩 唱 唱 唱 唱

唱

唱

단어 합창(合唱): 여러 사람이 목소리를 맞추어서 노래를 부름.
명창(名唱): 뛰어나게 잘 부르는 노래 또는 사람.

4 잘 숙

획순: 丶 宀 宀 宀 宀 宀 宿 宿 宿 宿

宿

 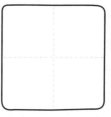 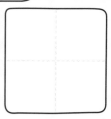

단어 **합숙(合宿):** 여러 사람이 한곳에서 집단적으로 묵음.
투숙(投宿): 여관, 호텔 따위의 숙박 시설에 들어서 묵음.

5 머무를 정

획순: 丿 亻 亻 宀 宀 停 停 停 停 停

停

 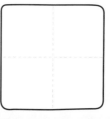 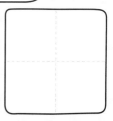

단어 **정지(停止):** 움직이고 있던 것이 멎거나 그침. 또는 중도에서 멎거나 그치게 함.
정년(停年): 관청이나 학교, 회사 따위에 근무하는 공무원이나 직원이 직장에서 물러나도록 정하여져 있는 나이.

6 낳을 산

획순: 丶 宀 宀 立 产 产 产 产 産 産

産

 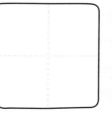 

단어 **국산(國産):** 자기 나라에서 생산함.
산업(産業): 인간의 생활을 경제적으로 풍요롭게 하기 위하여 재화나 서비스를 생산하는 사업.

7 바랄 망

획순: ' 一 亡 亡 立刀 立月 亡月 亡月 望 望 望

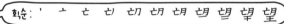

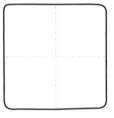

단어 **가망(可望):** 될 만하거나 가능성이 있는 희망.
전망(展望): 넓고 먼 곳을 멀리 바라봄. 또는 멀리 내다보이는 경치.

8 구원할 구

획순: 一 十 寸 才 求 求 求 求 救 救

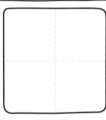

단어 **구조(救助):** 재난 따위를 당하여 어려운 처지에 빠진 사람을 구하여 줌.
구인(救人): 일할 사람을 구함.

9 아낄 석

획순: ' 丶 忄 忄 忄 忙 怕 惜 惜 惜

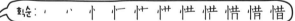
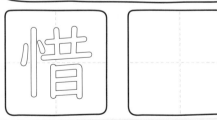
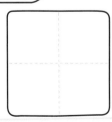

단어 **석별(惜別):** 서로 애틋하게 이별함.
애석(哀惜): 슬프고 아까움

10 다스릴 리

理

획순: 一 ニ 干 王 王 珇 珇 珇 理 理 理

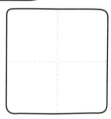

> **단어** **논리(論理):** 말이나 글에서 사고나 추리 따위를 이치에 맞게 이끌어 가는 과정이나 원리.
> **심리(心理):** 마음의 작용과 의식의 상태.

11 꾸짖을 책

責

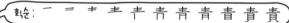
획순: 一 ニ 丰 丰 青 青 青 青 責 責

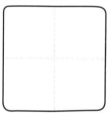

> **단어** **책임(責任):** 맡아서 해야 할 임무나 의무.
> **문책(問責):** 잘못을 캐묻고 꾸짖음.

12 죽일 살

殺

획순: ノ メ 亠 килов 齐 杀 杀 殺 殺 殺 殺

> **단어** **살기(殺氣):** 독살스러운 기운.
> **살인(殺人):** 사람을 죽임.

1 이을 접

획순: 一 十 扌 扌 扩 扩 扩 护 按 接 接

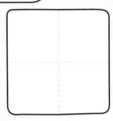

단어 **접종(接種):** 병의 예방, 치료, 진단, 실험 따위를 위하여 병원균이나 항독소, 항체 따위를 사람이나 동물의 몸에 주입함.
면접(面接): 서로 대면하여 만나 봄. 또는 직접 만나서 인품이나 언행따위를 평가하는 시험.

2 패할 패

획순: 丨 冂 冂 冃 目 目 貝 貝 貯 敗 敗

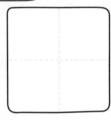

단어 **연패(連敗):** 싸움이나 경기에서 계속하여 짐.
실패(失敗): 일을 잘못하여 뜻한 대로 되지 아니하거나 그르침.

3 떳떳할 상/항상 상

획순: 丨 丷 丷 ⺌ 尚 尚 常 常 常 常 常

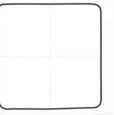

단어 **일상(日常):** 날마다 반복되는 생활.
상식(常識): 사람들이 보통 알고 있거나 알아야 하는 지식.

4 붙을 착

획순: `` ``` ``` ``` 羊 羊 差 着 着 着

단어 → **도착(到着):** 목적한 곳에 다다름.
착용(着用): 의복, 모자, 신발, 액세서리 따위를 입거나, 쓰거나, 신거나 차거나 함.

5 통할 통

획순: ``` ``` ``` ``` 甬 甬 甬 甬 通

 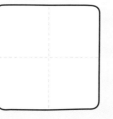 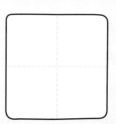

단어 → **교통(交通):** 자동차 · 기차 · 배 · 비행기 따위를 이용하여 사람이 오고 가거나, 짐을 실어 나르는 일.
공통(共通): 둘 또는 그 이상의 여럿 사이에 두루 통하고 관계됨.

6 섞을 혼

획순: `` ` ` ` 氵 汩 泥 混 混 混 混

단어 → **혼동(混同):** 구별하지 못하고 뒤섞어서 생각함.
혼용(混用): 한데 섞어 쓰거나 어울러 씀.

7 나타날 현

획순: 一 二 チ 王 玑 玗 玗 玥 玥 現 現

現

단어 → **현대(現代):** 지금의 시대.
출현(出現): 나타나거나 또는 나타나서 보임.

8 없을 막

획순: 一 十 十 艹 艹 艹 芦 苩 莒 莫 莫

莫

단어 → **막대(莫大):** 더할 수 없을 만큼 많거나 큼.
막중(莫重): 더할 수 없이 중대함.

9 낮 주

획순: 一 ⁊ ⁊ ⁊ 聿 晝 晝 書 書 書 晝

晝

단어 → **백주(白晝):** 환히 밝은 낮.
주야장천(晝夜長川): 밤낮으로 쉬지 아니하고 연달아.

10 눈 안

眼

단어 안과(眼科): 눈병을 진료하고 치료하는 병원.
안목(眼目): 사물을 보고 분별하는 견식.

11 다리 각

脚

단어 입각(立脚): 어떤 사실이나 주장 따위에 근거를 두어 그 입장에 섬.
각광(脚光): 사회적 관심이나 흥미.

12 정수리 정

頂

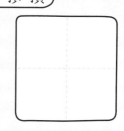

단어 정상(頂上): 산꼭대기.
절정(絕頂): 산의 맨 꼭대기. 또는 사물의 진행이나 발전이 최고의 경지에 달한 상태.

149

52 일차

1 보리 맥

획순: 一 𠂉 𡗗 𡗜 𡗜 來 來 來 來 麥 麥

단어 ▶ 맥주(麥酒): 알코올성 음료의 하나.
숙맥(菽麥): 사리분별 못 하고 어리석은 사람.

2 제사 제

획순: 丿 夕 夕 夕 夗 夘 祭 祭 祭 祭 祭

단어 ▶ 축제(祝祭): 축하하여 벌이는 큰 규모의 행사.
제물(祭物): 제사에 쓰는 음식물. 또는 제사 지낼 때 바치는 물건이나 짐승 따위.

3 장수 장/장차 장

획순: 丨 丬 丬 爿 将 将 將 將 將 將 將

단어 ▶ 장군(將軍): 군의 우두머리로 군을 지휘하고 통솔하는 무관.
장래(將來): 다가올 앞날.

4 터 기

획순: 一 十 卄 甘 甘 甘 其 其 其 基 基

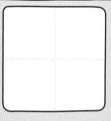

단어 **기본(基本):** 사물이나 현상, 이론, 시설 따위를 이루는 바탕.
기금(基金): 어떤 목적이나 사업, 행사 따위에 쓸 기본적인 자금. 또는 기초가 되는 자금.

5 거느릴 부

획순: ` ㄊ ㄊ ㄊ ㄊ 立 产 咅 咅 咅ㄅ 咅ㄅ 部

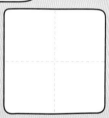

단어 **일부(一部):** 한 부분. 또는 전체를 여럿으로 나눈 얼마.
부위(部位): 전체에 대하여 어떤 특정한 부분이 차지하는 위치.

6 겨레 족

획순: ` ㄊ ㄅ 方 方 方 方 扩 扩 扩 族 族

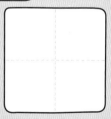

단어 **민족(民族):** 일정한 지역에서 오랜 세월 동안 공동생활을 하면서 언어와 문화상의 공통성에 기초하여 역사적으로 형성된 사회 집단.
친족(親族): 촌수가 가까운 일가.

151

52일차

7 뜻 정

획순: ' ' 忄 忄 忄 忄 情 情 情 情

단어 **감정(感情):** 어떤 현상이나 일에 대하여 일어나는 마음이나 느끼는 기분.
사정(事情): 일의 형편이나 까닭.

8 부인 부

획순: ㄑ ㄑ 女 女ㄱ 女ㅋ 女ㅋ 女ㅋ 妒 婦 婦 婦

단어 **부녀(婦女):** 결혼한 여자와 성숙한 여자를 통틀어 이르는 말.
주부(主婦): 한 가정의 살림살이를 맡아 꾸려 가는 안주인.

9 혼인 혼

획순: ㄑ ㄑ 女 女ˊ 妒 妒 妖 婚 婚 婚 婚

단어 **구혼(求婚):** 결혼할 상대자를 구함.
기혼(既婚): 이미 결혼함.

152

10 허락 허

획순: ` ㄴ ㅕ ㅕ ㅕ 言 言 言 許 許 許

許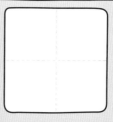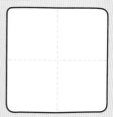

단어 **면허(免許):** 일반인에게는 허가되지 않는 특수한 행위를 특정한 사람에게만 허가하는 행정 처분.
특허(特許): 특별히 허락함. 또는 공업 소유권의 하나.

11 장사 상

획순: ` ㅗ ㅗ ㅗ 产 产 产 商 商 商 商

商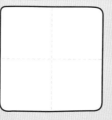

단어 **상가(商家):** 이익을 얻으려고 물건을 사서 파는 집.
상업(商業): 상품을 사고파는 행위를 통하여 이익을 얻는 일.

12 재물 화

획순: ノ 亻 仁 化 化 作 作 貨 貨 貨 貨

貨

단어 **외화(外貨):** 외국의 돈. 외국의 통화로 표시된 수표나 유가 증권 따위도 포함.
수화물(手貨物): 손에 간편하게 들고 다닐 수 있는 짐.

1 차례 제

획순: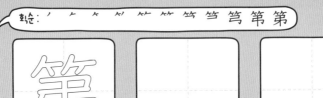

> 단어 제일(第一): 여럿 가운데서 첫째가는 것.
> 낙제(落第): 진학 또는 진급을 못 함.

2 근심 환

획순:

   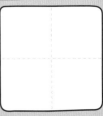

> 단어 환자(患者): 병들거나 다쳐서 치료를 받아야 할 사람.
> 환부(患部): 병이나 상처가 난 자리.

3 거짓 가

획순:

 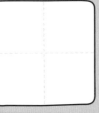 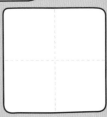

> 단어 가명(假名): 실제의 자기 이름이 아닌 이름.
> 가설(假說): 어떤 사실을 설명하거나 어떤 이론 체계를 연역하기 위하여 설정한 가정.

4 하고자할 욕

획순: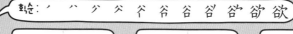

欲

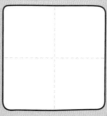

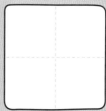

> **단어** **욕심(欲心):** 분수에 넘치게 무엇을 탐내거나 누리고자 하는 마음.
> **의욕(意欲):** 무엇을 하고자 하는 적극적인 마음이나 욕망.

5 다를 이

획순:

異

> **단어** **이의(異議):** 다른 의견이나 논의.
> **이성(異性):** 성별이 다른 것. 남성 쪽에선 여성을, 여성 쪽에선 남성을 가리킴.

6 그럴 연

획순: ノ クタ タ タ 夕 タ 外 殊 殊 殊 然 然

然

> **단어** **과연(果然):** 아닌 게 아니라 정말로. 또는 결과에 있어서도 참으로.
> **필연(必然):** 사물의 관련이나 일의 결과가 반드시 그렇게 될 수밖에 없음.

155

7 그림 화

획순:

 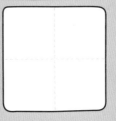 

단어 화면(畫面): 텔레비전이나 컴퓨터 따위에서 그림이나 영상이 나타나는 면.
화가(畫家): 그림 그리는 것을 직업으로 하는 사람.

8 홑 단

획순: ` ㅁ ㅁ 밈 ㅁㅁ ㅁㅁ 먺 먐 먐 먐 單

  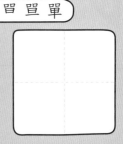

단어 단위(單位): 길이, 무게, 수효, 시간 따위의 수량을 수치로 나타낼 때 기초가 되는 일정한 기준.
단도직입(單刀直入): 여러 말을 늘어놓지 아니하고 바로 요점이나 본문제를 중심적으로 말함을 이르는 말.

9 무리 중

획순: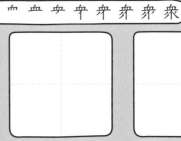

단어 대중(大衆): 수많은 사람의 무리.
청중(聽衆): 강연이나 설교, 음악 따위를 듣기 위하여 모인 사람들.

156

10 무리 등

획순: ノ ト ト 竹 竺 竺 竿 等 等 等 等

等

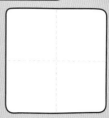

단어 **동등(同等):** 등급이나 정도가 같음.
평등(平等): 권리, 의무, 자격 등이 차별 없이 고르고 한결같음.

11 일찍 증

획순: ノ ハ 竹 竹 竹 曾 曾 曾 曾 曾 曾

曾

단어 **증조(曾祖):** 아버지의 할아버지. 또는 할아버지의 아버지를 이르는 말.
증손(曾孫): 손자의 아들. 또는 아들의 손자.

12 짧을 단

획순: ノ ト ゲ チ 矢 矢 矢 短 短 短 短 短

短

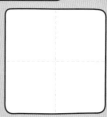

단어 **단문(短文):** 짧은 글.
단기(短期): 짧은 기간.

54 일차

1 아이 동

획순: ` 一 ナ 立 立 音 产 音 音 音 童 童 童`

> 단어 **동심(童心):** 어린아이의 마음.
> **아동(兒童):** 나이가 적은 아이. 대개 유치원에 다니는 나이로부터 사춘기 전의 아이를 이름.

2 하례 하

획순: ` フ カ カ 加 加 加 智 智 智 智 賀 賀`

> 단어 **축하(祝賀):** 남의 좋은 일을 기뻐하고 즐거워한다는 뜻으로 인사함.
> **하객(賀客):** 축하하는 손님.

3 열 개

획순: ` 一 丆 丆 尸 尸 門 門 門 門 閂 閂 開 開`

> 단어 **개폐(開閉):** 열고 닫음.
> **개설(開設):** 설비나 제도 따위를 새로 마련하고 그에 관한 일을 시작함.

158

4 모일 회

획순: ノ 个 人 仝 仐 仐 俞 侖 侖 侖 會 會 會 會

會

단어 사회(社會): 같은 무리끼리 모여 이루는 집단.
회원(會員): 어떤 회를 구성하는 사람들.

5 모을 집

획순: ノ 亻 亻 亇 疒 疒 隹 隹 隹 隹 集 集

集

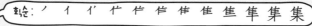

단어 집합(集合): 사람들이 한곳으로 모임.
집성촌(集姓村): 성(姓)이 같은 사람들끼리 모여 이룬 마을.

6 쌓을 저

획순: | 冂 冂 月 目 目 貝 貝 貯 貯 貯 貯

貯

단어 저금(貯金): 돈을 모아 둠.
저수지(貯水地): 물을 모아 두기 위하여 하천이나 골짜기를 막아 만든 큰 못.

7 오를 등

획순: フ ㄱ ㄱ゛ ㄳ゛ 癶 癶 癶 癶 登 登 登 登

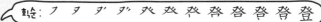

단어 ▸ **등장(登場):** 무대나 연단 따위에 나옴. 또는 어떤 새로운 제품이나 현상, 인물 등이 세상에 처음으로 나옴.
등기(登記): 국가 기관이 법정 절차에 따라 권리, 재산, 신분 등에 관련된 사실이나 관계를 등기부에 기재하는 일.

8 볼 시

획순: ` ´ ㄟ ㄤ ㄤ 利 利 利 租 視 視 視

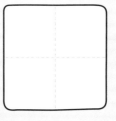
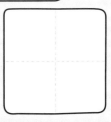

단어 ▸ **시력(視力):** 물체의 존재나 형상을 인식하는 눈의 능력.
중시(重視): 가볍게 여길 수 없을 만큼 매우 크고 중요하게 여김.

9 회복할 복 / 돌아올 복

획순: ´ ㄅ ㄔ ㄔ゛ ㄔ゛ ㄔ゛ 行 行 復 復 復 復

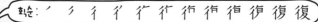

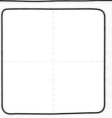
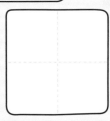

단어 ▸ **반복(反復):** 같은 일을 되풀이함.
복원(復元): 원래대로 회복함.

10 흩을 산

획순: 一 十 卅 卅 芇 芇 芇 芇 肯 散 散

단어
분산(分散): 따로따로 나뉘어 흩어짐.
해산(解散): 모였던 사람이 흩어짐. 또는 흩어지게 함.

11 나타날 저

획순: 一 十 土 艹 芒 芒 芐 芏 荖 荖 荖 著 著

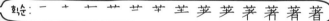

단어
저자(著者): 글로 써서 책을 지어 낸 사람.
저명(著明): 세상에 이름이 널리 드러나 있음.

12 날릴 양

획순: 一 十 扌 扣 扣 押 押 押 揚 揚 揚

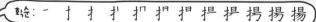

단어
지양(止揚): 더 높은 단계로 오르기 위하여 어떠한 것을 하지 아니함.
의기양양(意氣揚揚): 뜻한 바를 이루어 만족한 마음이 얼굴에 나타난 모양.

1 다음 한자의 뜻을 괄호 안에 넣어, 한자를 완성해 볼까요?

예 大
(큰)대

1 造
( )조

2 惜
( )석

3 通
( )통

4 商
( )상

5 異
( )이

2 다음 한자의 음을 괄호 안에 넣어, 한자를 완성해 볼까요?

예 大
큰(대)

6 望
바랄( )

7 移
옮길( )

8 宿
잘( )

9 接
이을( )

10 等
무리( )

3 다음 빈칸에 들어가면 자연스러운 한자를 보기에서 골라 주세요.

①務 ②逢 ③設 ④情 ⑤現 ⑥頂 ⑦參 ⑧集

11 ◼️가하는 것 자체에 의의가 있다.   답:

12 화재 발생에 대비해 경보기를 ◼️치했다.   답:

13 한라산 ◼️상에서 해돋이를 구경했다.   답:

14 감◼️을 솔직하게 표현하는 것이 좋다.   답:

15 내일 아침 8시까지 ◼️합하기로 했다.   답:

4 밑줄 친 한자를 한글로 바꿔 주세요.

> **예** 그는 눈에 잘 띄지 않는 <u>平凡</u>한 사람이다.   답:평범

16 그는 이 방면에서 타의 <u>追從</u>을 불허한다.   답:

17 떠나간 친구를 <u>哀惜</u>하고 슬퍼했다.   답:

18 이 논문은 사실에 <u>立脚</u>해서 서술되었다.   답:

19 환경을 위해 무분별한 소비는 <u>止揚</u>하고 있다.   답:

20 마침내 오랜 염원을 <u>成就</u>했다.   답:

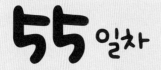 일차

---

1 맺을 결

획순:

 結

 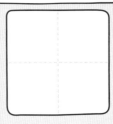 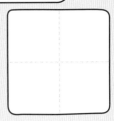

단어 → 결과(結果): 어떤 원인으로 결말이 생김.
결실(結實): 열매가 여묾. 또는 일의 결과가 잘 맺어짐.

2 끊을 절

획순:

 絶

 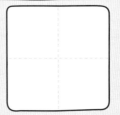 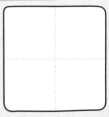

단어 → 절교(絶交): 서로의 교제를 끊음.
절망(絶望): 바라볼 것이 없게 되어 모든 희망을 끊어 버림.

3 덜 감

획순:  減

 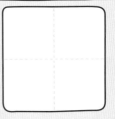 

단어 → 감량(減量): 분량이나 무게를 줄임.
감소(減少): 양이나 수치가 줆. 또는 양이나 수치를 줄임.

4 살 매

획순: 丨 冂 冂 罒 罒 罒 罗 胃 胃 買 買

단어 매입(買入): 물건 따위를 사들임.
불매(不買): 상품 따위를 사지 아니함.

5 갖출 비

획순: 丿 亻 亻 仁 佇 併 併 佈 併 備 備

단어 수비(守備): 외부의 침략이나 공격을 막아 지킴.
비고(備考): 문서 따위에서, 그 내용에 참고가 될 만한 보충 사항.

6 심을 식

획순: 一 十 才 木 杧 栌 栌 柿 植 植 植 植

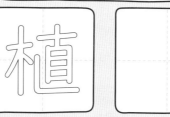

단어 식민지(植民地): 정치적 · 경제적으로 다른 나라에 예속되어 국가로서의 주권을 상실한 나라.
식물(植物): 온갖 나무와 풀의 총칭.

7 줄 급

획순: 〈 幺 幺 幺 糸 糸 糸 糸 給 給 給 給

 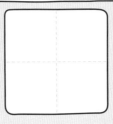 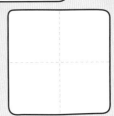

단어 **급식(給食):** 식사를 공급함.
급여(給與): 돈이나 물품 따위를 줌.

8 갚을 보/알릴 보

획순: 一 十 士 圥 幸 幸 幸 幸 幸 報 報 報

 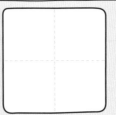 

단어 **보고(報告):** 일에 관한 내용이나 결과를 말이나 글로 알림.
제보(提報): 정보를 제공함.

9 할 위

획순: 〆 〆 爫 爫 爫 尸 尸 爲 爲 爲 爲 爲

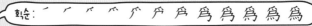

 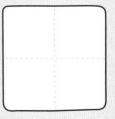 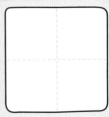

단어 **인위(人爲):** 자연의 힘이 아닌 사람의 힘으로 이루어지는 일.
행위(行爲): 사람이 의지를 가지고 하는 짓.

 **10** 나아갈 진

획순: `丿 亻 亻 亻 仁 仨 佳 佳 進`

단어 **직진(直進):** 곧게 나아감.
진학(進學): 상급 학교에 감.

 **11** 나아갈 취

 획순: `丶 亠 亠 亠 市 古 亨 亨 京 京 京 就 就`

  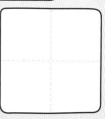

단어 **성취(直進):** 목적한 바를 이룸.
일취월장(日就月將): 나날이 다달이 자라거나 발전함.

 **12** 이길 승

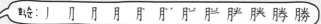 획순: `丿 月 月 月 月 月´ 脬 胖 胖 胖 滕 勝 勝`

단어 **승부(勝負):** 이김과 짐.
우승(優勝): 경기, 경주 따위에서 이겨 첫째를 차지함.

167

56일차

학습일 ○월○일

1 성할 성

회순: 丿 厂 F 万 成 成 成 成 成 盛 盛 盛

盛

단어 **성대(盛大):** 행사의 규모 따위가 풍성하고 큼.
성행(盛行): 매우 왕성하게 벌어지거나 널리 퍼짐.

2 거느릴 통

회순: 𠃋 幺 幺 糸 糸 糸 糸' 紅 紣 紣 綁 統

統

단어 **통계(統計):** 어떤 현상을 종합적으로 한눈에 알아보기 쉽게 일정한 체계에 따라 숫자로 나타낸 것.
통합(統合): 둘 이상의 조직이나 기구 따위를 하나로 합침.

3 갤 청

회순: 丨 Π 日 日 日一 日二 日丰 日丰 盽 晴 晴 晴

晴

단어 **쾌청(快晴):** 구름 한 점 없이 상쾌하도록 날씨가 맑음.
청춘(晴春): 십 대 후반에서 이십 대에 걸치는 인생의 젊은 나이.

4 가장 최

획순: 丨 冂 冂 冃 日 旦 昌 昌 冐 最 最

最

단어 **최근(最近)**: 얼마 되지 않은 지나간 날부터 현재 또는 바로 직전까지의 기간.
최선(最善): 가장 좋고 훌륭함. 또는 온 정성과 힘.

5 모름지기 수

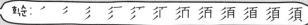

획순: 丶 丿 彡 彡 彡 沪 沪 須 須 須 須 須

須

단어 **필수(必須)**: 꼭 있어야 하거나 하여야 함.
요수(要須): 꼭 필요한 것.

6 일할 로

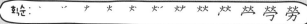

획순: 丶 丶 丷 丷 丷 丷 炒 炒 炒 炒 勞 勞

勞

단어 **노동(勞動)**: 몸을 움직여 일을 함.
피로(疲勞): 과로로 정신이나 몸이 지쳐 힘듦.

7 필발

획순: フ ヲ ヌ ゾ 癶 癶 癶 癶 發 發 發

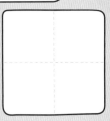

단어 **발견(發見):** 미처 찾아내지 못하였거나 아직 알려지지 아니한 사물이나 현상, 사실 따위를 찾아냄.
발생(發生): 어떤 일이나 사물이 생겨남.

8 사이 간

 획순: l l¯ l¯ l¯ l¯ l¯l l¯l l¯l l¯l l¯l l¯l 間

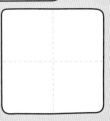

단어 **간접(間接):** 중간에 매개가 되는 사람이나 사물 따위를 통하여 맺어지는 관계.
공간(空間): 아무것도 없는 빈 곳.

9 차례 번

 획순: ノ ゙ 亅 ゙ 丿 乎 乎 釆 釆 番 番 番

단어 **순번(順番):** 차례대로 돌아가는 번.
매번(每番): 매 때마다.

10 대답 답

획순:

答

 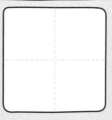 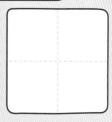

단어 **보답(報答):** 남의 호의나 은혜를 갚음.
답신(答信): 회답으로 통신이나 서신을 보냄.

11 헤아릴 량

획순:

 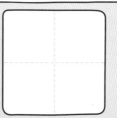 

단어 **수량(數量):** 수효와 분량을 아울러 이르는 말.
용량(容量): 가구나그릇 같은 데 들어갈 수 있는 분량.

12 부유할 부

획순: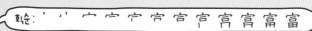

  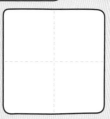

단어 **부귀(富貴):** 재산이 많고 지위가 높음.
풍부(豊富): 넉넉하고 많음.

171

57일차

1 은혜 혜

획순: 一 厂 厂 亓 亓 亩 車 車 重 重 惠 惠 惠

  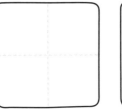 

단어　**수혜(受惠)**: 은혜를 입음. 또는 혜택을 받음.
　　　자혜(慈惠): 자애롭게 베푸는 은혜.

2 기약 기

획순: 一 十 卄 卄 甘 甘 其 其 期 期 期 期

  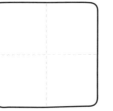 

단어　**기간(期間)**: 어느 일정한 시기부터 다른 어느 일정한 시기까지의 사이.
　　　초기(初期): 정해진 기간이나 일의 처음이 되는 때나 시기.

3 아침 조

획순: 一 十 十 古 吉 古 直 卓 朝 朝 朝 朝

  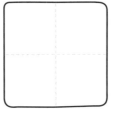 

단어　**조식(朝食)**: 아침 끼니로 먹는 밥.
　　　조회(朝會): 학교나 관청 따위에서 아침에 모든 구성원이 한자리에 모이는 일.

172

4 도읍 도

획순: 一 十 土 尹 夬 者 者 者 者 都 都

都

 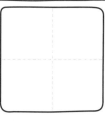 

단어 **도시(都市)**: 일정한 지역의 정치 · 경제 · 문화의 중심이 되는, 사람이 많이 사는 지역.
　　 도심(都心): 도시의 중심부.

5 거리 가

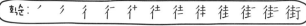
획순: ノ ノ 彳 彳 彳 彳 待 待 待 街 街

街

 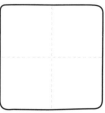 

단어 **가도(街道)**: 큰 길거리.
　　 시가(市街): 도시의 큰 길거리.

6 마당 장

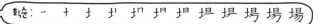
획순: 一 十 土 圹 圹 坦 坦 埸 場 場 場

場

단어 **장소(場所)**: 어떤 일이 이루어지거나 일어나는 곳.
　　 장면(場面): 어떤 장소에서 겉으로 드러난 면이나 벌어진 광경.

57일차

7 호수 호

湖

획순: 丶 冫 氵 汁 汁 沽 沽 沽 湖 湖 湖 湖

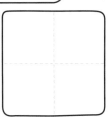

단어 **호남(湖南):** 전라남도와 전라북도를 일컫는 말.
인공호(人工湖): 사람이 만든 호수.

8 볕 경

景

획순: 丨 冂 日 日 旦 早 昌 呈 景 景 景 景

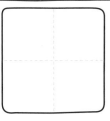

단어 **풍경(風景):** 산이나 들, 강, 바다 따위의 자연이나 지역의 모습.
경품(景品): 손님의 호감을 얻기 위해손님에게 곁들여 주는 물품.

9 볕 양

陽

획순: ㇇ 阝 阝 阝 阝 阝 阝 阝 阝 陽 陽 陽

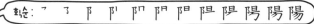

단어 **한양(漢陽):** 서울의 옛 이름.
양지(陽地): 볕이 바로 드는 곳.

10 구름 운

획순: 一 厂 厅 戸 币 雨 雨 雪 雲 雲 雲 雲

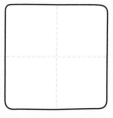

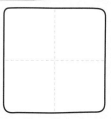

단어 **풍운아(風雲兒):** 좋은 때를 타고 활동하여 세상에 두각을 나타내는 사람.
성운(星雲): 구름 모양으로 퍼져 보이는 천체.

11 꽃부리 영

획순: 一 十 十 艹 艹 芍 苎 苉 英 英

단어 **영재(英才):** 뛰어난 재주를 가진 사람.
영특(英特): 남달리 뛰어나고 훌륭함.
(참고) 영국을 英으로 표기합니다.

12 나물 채

획순: 一 十 十 艹 艹 芐 苹 苹 苹 苹 菜 菜

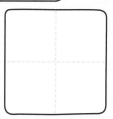

단어 **생채(生菜):** 익히지 아니하고 날로 무친 나물.
채식(菜食): 고기류를 피하고 주로 채소, 과일, 해초 따위의 식물성 음식만 먹음.

1 실사

획순: ⼂ ⼅ ⼦ ⼀ 糸 糸 糹 絲 絲 絲 絲 絲

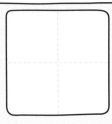

단어
철사(鐵絲): 쇠로 만든 가는 줄.
극세사(極細絲): 올이 매우 가느다란 실.

2 붉을 홍

획순: ⼂ ⼅ ⼦ ⼀ 糸 糸 糹 紅 紅

단어
주홍(朱紅): 붉은빛과 누른빛의 중간으로 붉은 쪽에 가까운 빛깔.
홍조(紅潮): 뺨에 붉은빛이 드러남. 취하거나 부끄러워 달아오른 얼굴빛.

3 붓 필

획순: ⼂ ⼀ ⼂ ⺮ ⺮ ⺮ 笁 笔 笔 筆 筆 筆

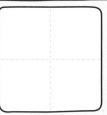
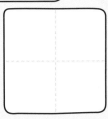

단어
필기(筆記): 글씨를 씀.
필자(筆者): 글을 쓴 사람.

4 누를 황

획순: 一 十 ＋ ＋ ＋ ＋ ＋ ＋ ＋ ＋ 黃 黃

단어 **황금(黃金):** 누런빛의 금이라는 뜻으로, 금을 다른 금속과 구별하여 이르는 말.
황토(黃土): 누렇고 거무스름한 흙.

5 검을 흑

획순: 丨 冂 冂 冂 冂 罒 甲 里 黑 黑 黑 黑

단어 **암흑(暗黑):** 어둡고 캄캄함.
흑자(黑字): 수입이 지출보다 많아 잉여 이익이 생기는 일.

6 강할 강

획순: ７ ７ 弓 弓 弓 弱 弱 弱 弱 强 强

단어 **강력(強力):** 힘이나 영향이 강함.
강화(強化): 세력이나 힘을 더 강하고 튼튼하게 함.

177

7 높을 존

획순: `丶 ⺊ ⺊ 广 广 产 酋 酋 酋 酋 尊 尊`

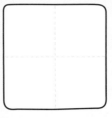

단어 **존경(尊敬):** 남의 인격, 사상, 행위 따위를 받들어 공경함.
존대(尊待): 존경하여 받들어 대접하거나 대함.

8 공경 경

획순: `一 十 土 芋 艿 芍 苟 苟 苟 苟 敬 敬`

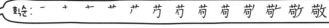

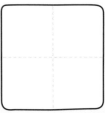

단어 **경의(敬意):** 존경하는 뜻.
경로(敬老): 노인을 공경함.

9 귀할 귀

획순: `丶 ⼕ 口 虫 虫 虫 串 青 青 貴 貴`

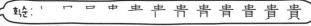

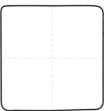

단어 **귀하(貴下):** 편지글에서, 상대편을 높여 이름 다음에 붙여 쓰는 말.
귀중(貴重): 귀하고 중요함.

10 빛날 화

華

획순: 一 十 艹 艹 艹 苹 苹 莝 莝 華

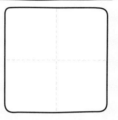
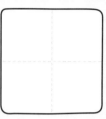

단어 **승화(昇華):** 어떤 현상이 더 높은 상태로 발전하는 일.
화려(華麗): 환하게 빛나며 곱고 아름다움.

11 기쁠 희

喜

획순: 一 十 士 吉 吉 吉 直 直 喜 喜 喜

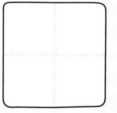
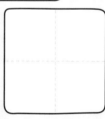

단어 **희비(喜悲):** 기쁨과 슬픔을 아울러 이르는 말.
희희낙락(喜喜樂樂): 매우 기뻐하고 즐거워함.

12 슬플 비

悲

획순: 丿 丬 丬 丬 丬 非 非 非 非 悲 悲 悲

단어 **비통(悲痛):** 몹시 슬퍼서 마음이 아픔.
비운(悲運): 순조롭지 못하거나 슬픈 운수나 운명.

59일차

1 빌 허
虛

획순: `丨 ㅏ ㅏ 广 庐 庐 虍 虍 虚 虚 虚 虛`

단어 ▶ **허무(虛無)**: 아무것도 없이 텅 빔.
허언(虛言): 실속이 없는 빈말. 또는 사실이 아닌 것을 사실인 것처럼 꾸며 대어 말을 함.

2 착할 선
善

획순: `丶 丷 丷 ㅛ 丷 羊 羊 兼 善 善 善 善`

단어 ▶ **선행(善行)**: 착하고 어진 행실.
선의(善意): 착한 마음.

3 악할 악
惡

획순: `一 一 一 一 亞 亞 亞 亞 亞 亞 惡 惡 惡`

단어 ▶ **악용(惡用)**: 알맞지 않게 쓰거나 나쁜 일에 씀.
악습(惡習): 나쁜 습관.

4 세금 세

稅

단어　세금(稅金): 국가 또는 지방 공공 단체가 필요한 경비로 사용하기 위하여 국민이나 주민으로부터 강제로 거두
　　　어들이는 금전.
　　　세무(稅務): 세금을 매기고 거두어들이는 일에 관한 사무.

5 잃을 상

喪

단어　상실(喪失): 어떤 것이 아주 없어지거나 사라짐.
　　　상가(喪家): 사람이 죽어 장례를 치르는 집.

6 목마를 갈

渴

단어　갈구(渴求): 간절히 바라며 구함.
　　　갈망(渴望): 간절히 바람.

181

7 수컷 웅

획순: 一 ナ た だ だ だ だ 扩 雄 雄 雄 雄

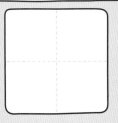
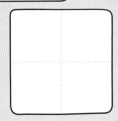

단어 영웅(英雄): 지혜와 재능이 뛰어나고 용맹하여 보통 사람이 하기 어려운 일을 해내는 사람.
　　　웅장(雄壯): 규모 따위가 거대하고 성대함.

8 순할 순

획순: ｜ ｜｜ ｜｜ ｜｜ ｜｜ ｜｜ ｜｜ 順 順 順 順 順

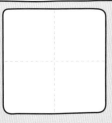

단어 순서(順序): 정하여진 기준에서 말하는 차례 관계. 또는 무슨 일을 행하거나 무슨 일이 이루어지는 차례.
　　　순조(順調): 일 따위가 아무 탈이나 말썽 없이 예정대로 잘되어 가는 상태.

9 한가할 한

획순: ｜ ｢ ｢ ｢ ｢ 門 門 門 門 閑 閑 閑

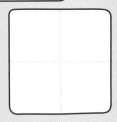

단어 한산(閑散): 일이 없어 한가함. 또는 인적이 드물어 한적하고 쓸쓸함.
　　　한량(閑良): 돈 잘 쓰고 잘 노는 사람을 비유적으로 이르는 말.

10 어두울 암

획순: ㄲ 日 日 日' 旷 旷 旷 晗 晗 暗 暗 暗

단어 ▶ **암기(暗記):** 외워 잊지 아니함.
　　　암시(暗示): 넌지시 알림.

11 구태여 감

획순: 一 丁 工 于 于 舌 舌 盲 盲' 敢' 敢 敢

단어 ▶ **용감(勇敢):** 용기가 있으며 씩씩하고 기운참.
　　　감행(敢行): 과감하게 실행함.

12 새 신

획순: ' 亠 亠 ㅛ 立 辛 辛 亲 亲' 新' 新 新

단어 ▶ **신년(新年):** 새로 시작되는 해.
　　　신설(新設): 새로 설치하거나 설비함.

60 일차

1 떨어질 락

획순: 一 艹 艹 艹 艹 莎 莎 莎 茨 落 落 落

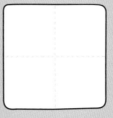
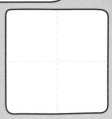

단어
낙하(落下): 높은 데서 낮은 데로 떨어짐.
낙후(落後): 기술이나 문화, 생활 따위의 수준이 일정한 기준에 미치지 못하고 뒤떨어짐.

2 잎 엽

획순: 一 艹 艹 芦 芑 荜 荜 荜 葏 葉 葉 葉

단어
엽전(葉錢): 예전에 사용하던, 놋쇠로 만든 돈.
금지옥엽(金枝玉葉): 금으로 된 가지와 옥으로 된 잎이라는 뜻으로 '임금의 가족'을 의미했으나 오늘날에는 '귀한 자식'이라는 의미로 쓰임.

3 소나무 송

획순: 一 十 オ 木 术 松 松 松

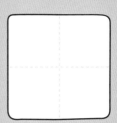

단어
송진(松津): 소나무나 잣나무에서 분비되는 끈적끈적한 액체.
송림(松林): 소나무가 우거진 숲.

4 멀 원

획순: 一 十 土 キ 吉 吉 吉 声 袁 袁 遠

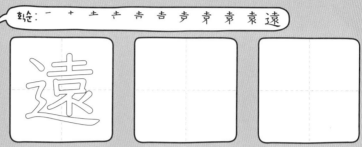

遠

<단어> 원근(遠近): 멀고 가까움.
원격(遠隔): 시간적, 공간적으로 멀리 떨어져 있음.

5 동산 원

획순: 丨 冂 冂 冂 朮 用 用 用 声 南 南 園 園

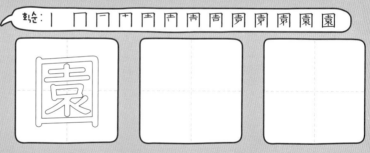

園

<단어> 정원(庭園): 집 안에 있는 뜰이나 꽃밭.
전원(田園): 논과 밭이라는 뜻으로, 도시에서 떨어진 시골이나 교외를 이르는 말.

6 둥글 원

획순: 丨 冂 冂 冂 冂 冃 冃 冃 冃 圎 圎 圎 圓

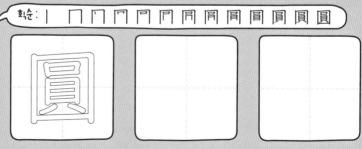

圓

<단어> 원형(圓形): 둥근 모양.
원만(圓滿): 성격이 모난 데가 없이 부드럽고 너그러움. 또는 일의 진행이 순조로움.

185

7 길 도

획순: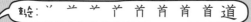

  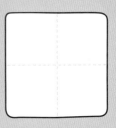

단어 ▶ **도덕(道德):** 사회의 구성원들이 양심, 사회적 여론, 관습 따위에 비추어 스스로 마땅히 지켜야 할 행동 준칙이나 규범의 총체.
보도(報道): 대중 전달 매체를 통하여 일반 사람들에게 새로운 소식을 알림.

8 길 로

획순: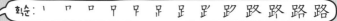

단어 ▶ **진로(進路):** 앞으로 나아갈 길.
선로(線路): 기차나 전차의 바퀴가 굴러가도록 레일을 깔아 놓은 길.

9 찰 한

획순:

  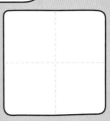

단어 ▶ **한기(寒氣):** 추운 기운.
한랭(寒冷): 날씨 따위가 춥고 참.

10 따뜻할 온

溫

 획순: `丶` `氵` `氵` `沪` `沪` `淠` `淠` `溫` `溫` `溫`

단어 **온도(溫度):** 따뜻함과 차가움의 정도.
보온(保溫): 주위의 온도에 관계없이 일정한 온도를 유지함.

11 따뜻할 난

暖

 획순: `丨` `刀` `日` `日` `日'` `日'` `日'` `日'` `昭` `晔` `晔` `暖` `暖`

단어 **난방(暖房):** 실내의 온도를 높여 따뜻하게 하는 일.
온난(溫暖): 날씨가 따뜻함.

12 더울 서

暑

 획순: `丨` `冂` `日` `月` `且` `早` `星` `昊` `昊` `暑` `暑` `暑`

단어 **처서(處暑):** 이십사절기의 하나. 더위가 가시고 가을을 맞이하는 시기.
피서(避暑): 더위를 피하여 시원한 곳으로 옮김.

61 일차

1 시내 계

획순: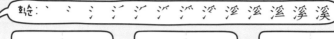

단어 계곡(溪谷): 물이 흐르는 골짜기.
청계(淸溪): 맑고 깨끗한 시내

2 시골 향

획순:

단어 고향(故鄕): 자기가 태어나서 자란 곳.
귀향(歸鄕): 고향으로 돌아가거나 돌아옴.

3 해 세

획순:

단어 세월(歲月): 흘러가는 시간.
만세(萬歲): 바람이나 경축, 환호 따위를 나타내기 위하여 두 손을 높이 들면서 외치는 말에 따라 행하는 동작.

4 지날 력

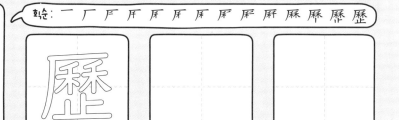
획순: 一 厂 厂 厓 厍 厍 厍 厤 厤 厤 厯 厯 歷 歷

歷

> **단어** **경력(經歷):** 겪어 지내 온 여러 가지 일.
> **역대(歷代):** 대대로 이어 내려온 여러 대.

5 글 경/지날 경

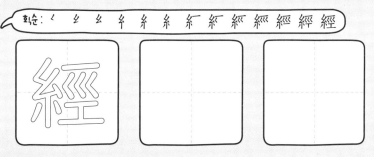
획순: ㄥ ㄠ ㄠ ㄠ 糸 糸 紅 紅 經 經 經 經 經

經

> **단어** **경과(經過):** 시간이 지나감.
> **신경(神經):** 세포의 돌기가 모여 결합 조직으로 된 막에 싸여 끈처럼 된 구조. 또는 어떤 일에 대한 느낌이나 생각.

6 시 시

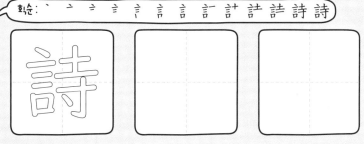
획순: 丶 一 二 三 言 言 言 計 計 詩 詩 詩 詩

詩

> **단어** **시인(詩人):** 시를 전문적으로 짓는 사람.
> **시구(詩句):** 시의 구절.

7 번개 전

획순: 一 一 戶 戶 戶 雨 雨 雨 雨 雨 電 電 電

단어 **전력(電力):** 전류가 단위 시간에 하는 일.
전송(電送): 글이나 사진 따위를 전류나 전파를 이용하여 먼 곳에 보냄.

8 말씀 화

획순: 二 亖 言 言 言 言 訐 訐 訐 話 話

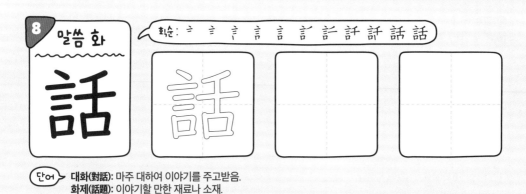

단어 **대화(對話):** 마주 대하여 이야기를 주고받음.
화제(話題): 이야기할 만한 재료나 소재.

9 사랑 자

획순: ` ` 丷 产 产 玄 玆 玆 兹 兹 慈 慈 慈

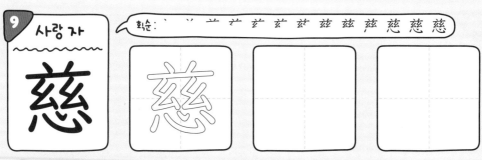

단어 **자비(慈悲):** 남을 깊이 사랑하고 가엾게 여김. 또는 그렇게 여겨서 베푸는 혜택.
인자(仁慈): 마음이 어질고 자애로움.

10 사랑 애	획순: 一 ㇏ ㇏ ㅡ ㅡ ㅁ ㅁ 爫 爫 愛 愛 愛 愛 愛 愛		

 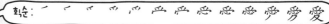  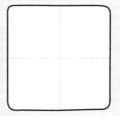 

단어 **애호(愛好):** 사랑하고 좋아함.
애정(愛情): 사랑하는 마음.

11 생각 상	획순: 一 十 才 木 朼 朾 相 相 相 相 想 想 想

 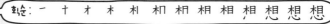  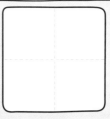 

단어 **가상(假想):** 사실이 아니거나 사실 여부가 분명하지 않은 것을 사실이라고 가정하여 생각함.
사상(思想): 어떠한 사물에 대하여 가지고 있는 구체적인 사고나 생각.

12 느낄 감	획순: ノ 厂 厂 厂 戽 戽 咸 咸 咸 咸 感 感 感

   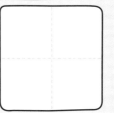 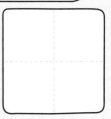

단어 **감동(感動):** 크게 느끼어 마음이 움직임.
실감(實感): 실제로 체험하는 느낌.

1 다음 한자의 뜻을 괄호 안에 넣어, 한자를 완성해 볼까요?

예
大
- - - - -
(큰)대

1
結
- - - - -
( )결

2
間
- - - - -
( )간

3
街
- - - - -
( )가

4
善
- - - - -
( )선

5
歲
- - - - -
( )세

2 다음 한자의 음을 괄호 안에 넣어, 한자를 완성해 볼까요?

예
大
- - - - -
큰(대)

6
統
- - - - -
거느릴( )

7
富
- - - - -
부유할( )

8
貴
- - - - -
귀할( )

9
閑
- - - - -
한가할( )

10
話
- - - - -
말씀( )

3 다음 빈칸에 들어가면 자연스러운 한자를 보기에서 골라 주세요.

①爲 ②道 ③筆 ④番 ⑤景 ⑥善 ⑦惡 ⑧晴

11 ＿＿춘은 다시 돌아오지 않는다. 답:

12 산에 올라가 마을을 풍＿을 내려다보았다. 답:

13 실기시험 전에 ＿＿기시험에 합격해야 한다. 답:

14 대가를 바라고 ＿행을 베풀지 않았다. 답:

15 항상 공중＿＿덕을 잘 지키도록 하고 있다. 답:

4 밑줄 친 한자를 한글로 바꿔 주세요.

예 그는 눈에 잘 띄지 않는 **平凡**한 사람이다. 답:평범

16 매일 아침 꼭 **朝食**을 먹고 등교한다. 답:

17 올해 무역 **黑字**가 사상 최대를 기록하였다. 답:

18 전쟁을 반대하고 평화를 **渴求**한다. 답:

19 그는 화려한 수상 **經歷**을 가지고 있다. 답:

20 인간관계에서는 의리와 **信義**가 중요하다. 답:

62 일차

1 성인 성

획순: 一 丁 T F F 耳 耳 耵 耵 聖 聖 聖 聖

단어 성인(聖人): 지혜와 덕이 매우 뛰어나 길이 우러러 본받을 만한 사람.
신성(神聖): 함부로 가까이할 수 없을 만큼 고결하고 거룩함.

2 극진할 극

획순: 一 十 才 术 术 朾 朾 朾 朾 柯 柯 極 極 極

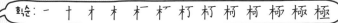

단어 극대(極大): 더할 수 없이 큼.
소극(消極): 스스로 앞으로 나아가거나 상황을 개선하려는 기백이 부족하고 비활동적임.

3 부지런할 근

획순: 一 十 廿 廿 芇 芇 苫 苫 莒 菫 菫 勤 勤

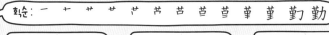

단어 근무(勤務): 직장에 적을 두고 직무에 종사함.
근로(勤勞): 부지런히 일함.

4 통달할 달

획순: 一 十 土 卡 幸 幸 幸 幸 幸 達

단어   **달성(達成):** 목적한 것을 이룸.
     전달(傳達): 지시, 명령, 물품 따위를 다른 사람이나 기관에 전하여 이르게 함.

5 시험 시

획순: 丶 二 亍 亍 言 言 言 訂 訂 訂 試 試

단어   **시합(試合):** 운동이나 그 밖의 경기 따위에서 서로 재주를 부려 승부를 겨루는 일.
     시도(試圖): 어떤 것을 이루어 보려고 계획하거나 행동함.

6 농사 농

획순: 丨 冂 曰 申 曲 曲 曲 芦 芦 農 農 農 農

 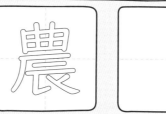 

단어   **농민(農民):** 농사짓는 일을 생업으로 삼는 사람.
     농지(農地): 사짓는 데 쓰는 땅.

7 업 업

획순: `一 ＂ ＂＂ ＂＂ ＂ ＂ ＂ ＂ ＂ ＂ 業 業 業`

 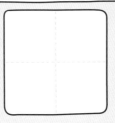 

단어 **업종(業種):** 직업이나 영업의 종류.
실업(失業): 생업을 잃음.

8 밥 반

획순: `丿 丿 丿 夕 夕 今 今 刍 刍 刍 飣 飯 飯`

 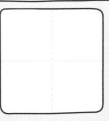 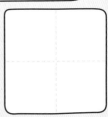

단어 **백반(白飯):** 흰쌀로만 지은 밥. 또는 음식점에서 흰밥에 국과 몇 가지 반찬을 끼워 파는 한 상의 음식.
일상다반사(日常茶飯事): '차를 마시고 밥을 먹는 일'이라는 뜻으로, 보통 있는 예사로운 일을 이르는 말.

9 연기 연

획순: `丶 丶 丷 火 灯 灯 炉 炉 炻 煙 煙 煙 煙`

 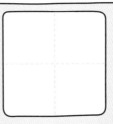 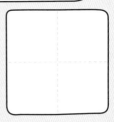

단어 **연기(煙氣):** 무엇이 불에 탈 때에 생겨나는 흐릿한 기체나 기운.
금연(禁煙): 담배를 끊거나 피우는 것을 금지함.

10 허물 죄

획순: 丶 口 口 罒 罒 罒 罪 罪 罪 罪 罪 罪 罪

罪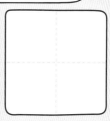

단어 **유죄(有罪):** 잘못이나 죄가 있음.
면죄(免罪): 지은 죄를 면함. 또는 면하여 줌.

11 옳을 의

획순: 丶 丷 并 并 羊 羊 羊 羊 義 義 義

義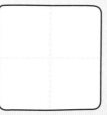

단어 **의무(義務):** 사람으로서 마땅히 하여야 할 일. 곧 맡은 직분.
신의(信義): 믿음과 의리를 아울러 이르는 말.

12 뜻 의

획순: 丶 亠 亠 立 产 产 音 音 音 音 意 意 意

意

단어 **의견(意見):** 어떤 대상에 대하여 가지는 생각.
고의적(故意的): 일부러 하는 것.

197

1 전할 전

획순: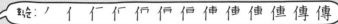

傳

단어 **유전(遺傳):** 물려받아 내려옴. 또는 그렇게 전해짐.
전설(傳說): 옛날부터 민간에서 전하여 내려오는 이야기.

2 풀 해

획순:

解

단어 **해결(解決):** 제기된 문제를 해명하거나 얽힌 일을 잘 처리함.
해소(解消): 어려운 일이나 문제가 되는 상태를 해결하여 없애 버림.

3 금할 금

획순: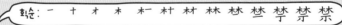

禁

단어 **금물(禁物):** 해서는 안 되는 일.
금지(禁止): 법이나 규칙이나 명령 따위로 어떤 행위를 하지 못하도록 함.

4 만날 우

획순: ㅣ ㄇ ㄇ 日 日 尸 禺 禺 禺 遇

遇

단어 **조우(遭遇):** 우연히 서로 만남.
대우(待遇): 어떤 사회적 관계나 태도로 대하는 일.

5 정성 성

획순: ㆍ ㆍ ㆍ ㆍ ㆍ 言 言 言 訂 訂 訶 訶 誠 誠

誠

단어 **성실(誠實):** 정성스럽고 참됨.
성의(誠意): 정성스러운 뜻.

6 지날 과

획순: ㅣ ㄇ ㄇ 冎 冎 咼 咼 咼 過

過

단어 **과다(過多):** 너무 많음.
과밀(過密): 인구나 건물, 산업 따위가 한곳에 지나치게 집중되어 있음.

7 형세 세

획순: 一 十 土 차 캿 쵸 쵸 쵔 쵔 執 執 勢 勢

勢

단어 **기세(氣勢):** 기운차게 뻗치는 모양이나 상태.
세력(勢力): 권력이나 기세의 힘. 또는 어떤 속성이나 힘을 가진 집단.

8 근심 수

획순: 一 二 千 禾 禾 禾 私 秋 秋 秋 愁 愁 愁

愁

단어 **애수(哀愁):** 마음을 서글프게 하는 슬픈 시름.
수심(愁心): 매우 근심함.

9 상할 상

획순: 丿 亻 亻 仃 仵 作 作 作 偭 偭 傷 傷 傷

傷

단어 **부상(負傷):** 몸에 상처를 입음.
감상(感傷): 하찮은 일에도 쓸쓸하고 슬퍼져서 마음이 상함.

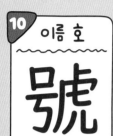

10 이름 호

획순: 丨 口 口 旦 号 号 号 号 號 號 號 號 號

號

號

단어 **기호(信號):** 어떠한 뜻을 나타내기 위하여 쓰이는 부호, 문자, 표지 따위를 통틀어 이르는 말.
신호(信號): 일정한 부호, 표지, 소리, 몸짓 따위로 특정한 내용 또는 정보를 전달하거나 지시를 함.

11 마땅 당

획순: 丨 ⺌ ⺌ 𣥂 尚 尚 尚 尚 尚 常 常 當 當

當

當

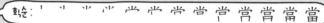

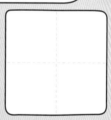

단어 **당일(當日):** 일이 있는 바로 그날.
정당(正當): 이치에 맞아 올바르고 마땅함.

12 옮길 운

획순: 丶 冖 冖 冖 宣 宣 冒 冒 軍 運

運

運

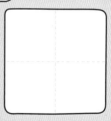

단어 **운행(運行):** 정하여진 길을 따라 차량 따위를 운전하여 다님.
운명(運命): 인간을 포함한 모든 것을 지배하는 초인간적인 힘. 또는 그것에 의하여 이미 정해져 있는 목숨이나 처지

64 일차

1 놀 유

획순: 方 方 方 方 坊 坊 斿 遊

단어 **언어유희(言語遊戲):** 말이나 글자를 소재로 하는 놀이.
부유(浮遊): 물 위나 물속, 또는 공기 중에 떠다님.

2 마실 음

획순: ノ 人 ㅅ 今 今 今 食 食 食 飮

단어 **음료(飮料):** 사람이 마실 수 있도록 만든 액체를 통틀어 이르는 말.
시음(試飮): 술이나 음료수 따위의 맛을 알기 위하여 시험 삼아 마셔 보는 일.

3 노래 가

획순: 一 ㄱ ㅋ 哥 哥 哥 哥 哥 歌 歌 歌

단어 **가창(歌唱):** 노래를 부름.
가곡(歌曲): 우리나라 전통 성악곡의 하나.

 ④ 춤출 무

획순: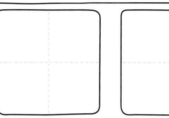

舞

단어 가무(歌舞): 노래와 춤을 아울러 이르는 말.
군무(郡舞): 여러 사람이 무리를 지어 춤을 춤.

 ⑤ 대할 대

획순: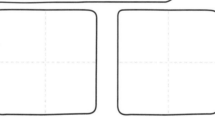

對

단어 대면(對面): 서로 얼굴을 마주 보고 대함.
대비(對備): 앞으로 일어날지도 모르는 어떠한 일에 대응하기 위하여 미리 준비함.

 ⑥ 다할 진

획순: ㄱ ㅋ ㅋ ㅋ 聿 聿 書 書 盡

盡

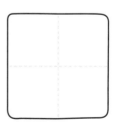

단어 극진(極盡): 어떤 대상에 대하여 정성을 다하는 태도가 있음.
매진(賣盡): 하나도 남지 아니하고 모두 다 팔려 동이 남.

7 끝 단

획순: 立 立 坐 坐 端 端 端 端 端 端

  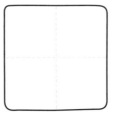 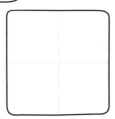

단어 **극단(極端)**: 길이나 일의 진행의 끝. 또는 중용을 잃고 한쪽으로 크게 치우침.
발단(發端): 어떤 일이 처음으로 벌어짐. 또는 어떤 일의 계기가 됨.

8 복 복

획순: 示 示 示 示 示 示 福 福 福 福

  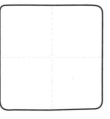 

단어 **행복(幸福)**: 복된 좋은 운수.
복지(福祉): 좋은 건강, 윤택한 생활, 안락한 환경들이 어우러져 행복을 누릴 수 있는 상태.

9 열매 실

획순: 宀 宀 宀 宀 審 審 審 審 審 實 實 實

단어 **충실(充實)**: 내용이 알차고 단단함.
실용(實用): 실제로 씀. 또는 실질적인 쓸모.

204

10 씨 종

 획순: 禾 禾 禾 禾 秆 稆 稆 稆 種 種

 種

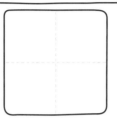
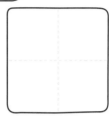

단어 > **인종(人種):** 인류를 지역과 신체적 특성에 따라 구분한 종류.
각종(各種): 온갖 종류. 또는 여러 종류.

11 정할 정

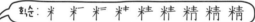 획순: 米 米 料 粘 精 精 精 精 精

 精

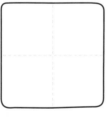

단어 > **정육(精肉):** 방이나 뼈 따위를 발라낸 살코기.
정신(精神): 육체나 물질에 대립되는 영혼이나 마음.

12 지을 제

 획순: ⺊ ⺊ ⺊ 告 朱 制 制 製

 製

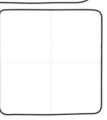
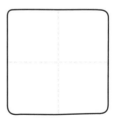

단어 > **제작(製作):** 재료를 가지고 기능과 내용을 가진 새로운 물건이나 예술 작품을 만듦.
제조(製造): 공장에서 큰 규모로 물건을 만듦. 또는 원료에 인공을 가하여 정교한 제품을 만듦.

65 일차

1 살필 찰

획순: 宀 宀 宀 宀 宀 宀 宀 宛 察 察 察 察

단어 **고찰(考察)**: 어떤 것을 깊이 생각하고 연구함.
성찰(省察): 자기의 마음을 반성하고 살핌.

2 고기잡을 어

획순: 氵 氵 氵 氵 氵 泸 泸 漁 漁 漁 漁 漁 漁

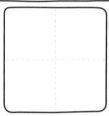

단어 **어장(漁場)**: 고기잡이를 하는 곳.
어선(漁船): 낚시로 고기잡이하는 데 쓰는 배.

3 말씀 설

획순: 言 言 訁 訁 訡 訡 訡 說

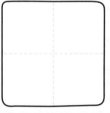

단어 **설득(說得)**: 상대편이 이쪽 편의 이야기를 따르도록 여러 가지로 깨우쳐 말함.
설명(說明): 어떤 일이나 대상의 내용을 상대편이 잘 알 수 있도록 밝혀 말함.

4 말씀 어

획순: 言 言 訂 訌 語 語 語 語

 語

단어 ➤ **구어(口語):** 글에서만 쓰는 특별한 말이 아닌, 일상적인 대화에서 쓰는 말.
용어(用語): 일정한 분야에서 주로 사용하는 말.

5 들을 문

획순:

 聞

단어 ➤ **견문(見聞):** 보거나 듣거나 하여 깨달아 얻은 지식.
풍문(風聞): 바람처럼 떠도는 소문.

6 울 명

획순: 口 叮 叮 叩 吖 吖 唣 鳴 鳴 鳴 鳴 鳴

 鳴

단어 ➤ **비명(悲鳴):** 일이 매우 위급하거나 몹시 두려움을 느낄 때 지르는 외마디 소리.
공명(共鳴): 남의 사상이나 감정, 행동 따위에 공감하여 자기도 그와 같이 따르려 함.

207

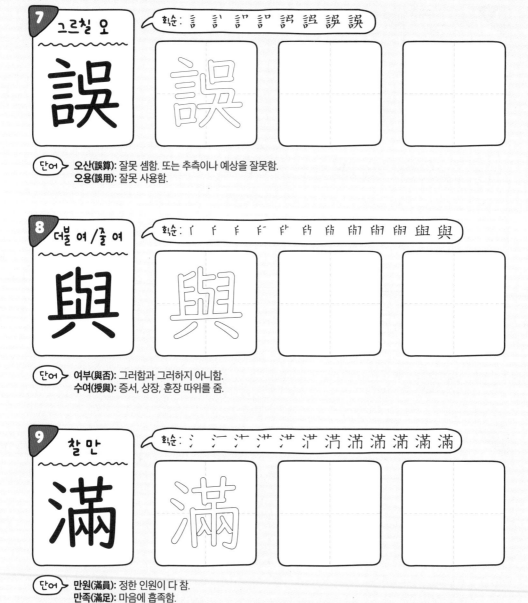

7 그르칠 오

획순: 言 言 訂 評 誤 誤 誤 誤

誤

단어 오산(誤算): 잘못 셈함. 또는 추측이나 예상을 잘못함.
오용(誤用): 잘못 사용함.

8 더블 여/줄 여

획순: ⺊ ⺊ ⺊ ⺊ ⺊ ⺊ 舁 舁 與 與 與 與

與

단어 여부(與否): 그러함과 그러하지 아니함.
수여(授與): 증서, 상장, 훈장 따위를 줌.

9 찰 만

획순: 氵 氵 汁 洪 洪 洪 滿 滿 滿 滿 滿

滿

단어 만원(滿員): 정한 인원이 다 참.
만족(滿足): 마음에 흡족함.

10 영화 영

榮

 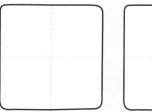 

단어 **영광(榮光)**: 빛나고 아름다운 영예.
허영(虛榮): 자기 분수에 넘치고 실속이 없이 겉모습뿐인 영화. 또는 필요 이상의 겉치레.

11 그림 도

圖

획순: 丨 冂 冂 冋 圊 圊 圊 圖 圖 圖

 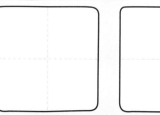 

단어 **도형(圖形)**: 그림의 모양이나 형태.
의도(意圖): 무엇을 하고자 하는 생각이나 계획. 또는 무엇을 하려고 꾀함.

12 푸를 록

綠

획순: 糸 糽 糽 絽 絼 絼 綟 綠 綠

 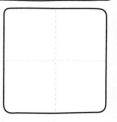 

단어 **녹지(綠地)**: 천연적으로 풀이나 나무가 우거진 곳.
녹음(綠陰): 푸른 잎이 우거진 나무나 수풀.

66 일차

1 은 은

획순: 金 金 金 金 銀 銀 銀

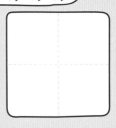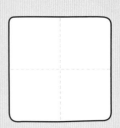

단어 **은행(銀行):** 예금을 받아 그 돈을 자금으로 하여 대출, 어음 거래, 증권의 인수 따위를 업무로 하는 금융 기관.
은하(銀河): 천구 위에 구름 띠 모양으로 길게 분포되어 있는 수많은 천체의 무리.

2 가벼울 경

획순: 一 厂 巨 亘 車 車 軻 輕 輕 輕 輕 輕

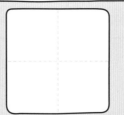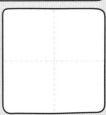

단어 **경시(輕視):** 대수롭지 않게 보거나 업신여김.
경쾌(輕快): 움직임이나 모습, 기분 따위가 가볍고 상쾌함.

3 한수 한

획순: 氵 氵 汁 汁 洋 漢 漢 漢 漢 漢 漢

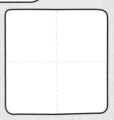

단어 **한자(漢字):** 고대 중국에서 만들어져 오늘날에도 쓰이고 있는 표의 문자.
한문(漢文): 중국 고전의 문장. 또는 한자만으로 쓴 글.

4 코 비

획순: 自 自 鳥 鼻 鼻 畠 畠 鼻 鼻

鼻

단어 ➤ **비염(鼻炎):** 코안 점막에 생기는 염증을 통틀어 이르는 말.
비음(鼻音): 코가 막힌 듯이 내는 소리.

5 목숨 수

획순: 士 士 声 声 声 흫 훍 壽 壽 壽 壽 壽

壽

단어 ➤ **수명(壽命):** 생물이 살아 있는 연한. 또는 사물 따위가 사용에 견디는 기간.
장수(長壽): 오래도록 삶.

6 셈할 산

획순: ノ 厂 ケ 竹 竹 竹 笁 笁 笪 笪 算 算

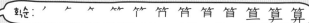

算

단어 ➤ **결산(決算):** 일정한 기간 동안의 수입과 지출을 마감하여 산출한 계산.
정산(精算): 정밀하게 계산함.

7 셈 수

획순:

단어 ▸ 배수(倍數): 어떤 수의 갑절이 되는 수.
횟수(回數): 돌아오는 차례의 수효.

8 값 가

획순: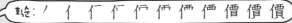

단어 ▸ 대가(代價): 일을 하고 그에 대한 값으로 받는 보수.
정가(定價): 상품에 일정한 값을 매김.

9 팔 매

획순:

단어 ▸ 매매(賣買): 물건을 팔고 사는 일.
매출(賣出): 물건 따위를 내다 파는 일.

10 더할 증

획순: 一 十 圫 圫 圹 圹 圹 圹 塪 塪 増 増 増

增

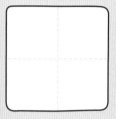

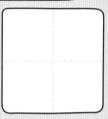

단어 > **증가(增加):** 양이나 수치가 늚.
증진(增進): 기운이나 세력 따위가 점점 더 늘어 가고 나아감.

11 곡식 곡

획순: 一 十 吉 吉 吉 壴 韋 韋 彙 彙 彙 穀 穀

穀

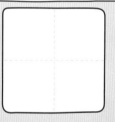

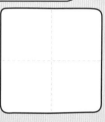

단어 > **곡물(穀物):** 사람의 식량이 되는 쌀, 보리, 콩, 조, 기장, 수수, 밀, 옥수수 따위를 통틀어 이르는 말.
곡간(穀間): 곡식을 보관해 두는 곳간.

12 기를 양

획순: 羊 芏 芏 美 羔 萶 養 養 養 養

養

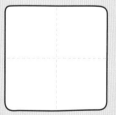

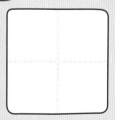

단어 > **교양(敎養):** 지식, 사회활동을 바탕으로 이루어지는 품위. 또는 문화에 대한 폭넓은 지식.
양성(養成): 가르쳐서 유능한 사람을 길러 냄.

1 익힐 련

획순: 糸 糸 糸 糸 糸 糸 紳 練 練

  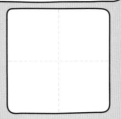 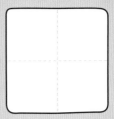

단어
훈련(訓練): 기본자세나 동작 따위를 되풀이하여 익힘.
세련(洗練): 서투르거나 어색한 데가 없이 능숙하고 미끈하게 갈고닦음.

2 대적할 적

획순: ` ᅳ ᅩ ᅭ 广 产 肖 商 商 商 商 敵

  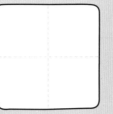 

단어
천적(天敵): 잡아먹는 동물을 잡아먹히는 동물에 상대하여 이르는 말.
대적(對敵): 적이나 어떤 세력, 힘 따위와 맞서 겨룸.

3 맞을 적

획순: ` ᅳ ᅩ ᅭ 广 产 肖 商 商 商 商 適

 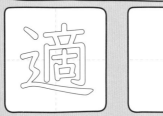 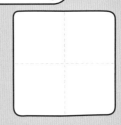

단어
적성(適性): 어떤 일에 알맞은 소질이나 성격.
적절(適切): 꼭 알맞음.

4 말씀 담

획순: 言 言 言 談 談 談 談 談 談

談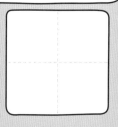

단어 담화(談話): 서로 이야기를 주고받음.
회담(會談): 어떤 문제를 가지고 거기에 관련된 사람들이 한자리에 모여서 토의함.

5 의논 론

획순: 言 言 診 診 診 論 論 論 論

論

단어 논란(論難): 여럿이 서로 다른 주장을 내며 다툼.
반론(反論): 남의 논설이나 비난, 논평 따위에 대하여 반박함.

6 과정 과

획순: 言 言 訂 評 評 評 課 課 課

課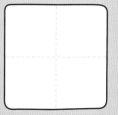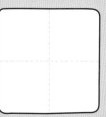

단어 과제(課題): 처리하거나 해결해야 할 문제.
일과(日課): 날마다 규칙적으로 하는 일정한 일.

215

7 청할 청

획순: 言 訁 訁 訁 訁 請 請 請 請

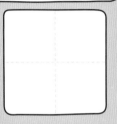
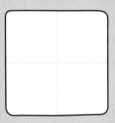

단어 ▸ **요청(要請):** 필요한 어떤 일이나 행동을 청함.
청구(請求): 남에게 돈이나 물건 따위를 달라고 요구함.

8 고를 조

획순: 言 訁 訂 訂 調 調 調 調 調

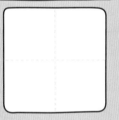

단어 ▸ **조율(調律):** 악기의 음을 표준음에 맞추어 고름.
협조(協調): 힘을 합하여 서로 조화를 이룸.

9 상줄 상

획순: 𠀀 𠂆 𠔃 𣥂 𣥂 賞 賞

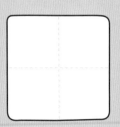

단어 ▸ **상품(賞品):** 상으로 주는 물품.
수상(受賞): 상을 받음.

10 경사 경

획순: 丶 亠 广 户 户 庐 庐 庐 慶 慶 慶

慶

단어 경사(慶事): 축하할 만한 기쁜 일.
경축(慶祝): 경사스러운 일을 축하함.

11 즐길 락

획순: 丿 亻 白 白 自 泊 始 樂 樂 樂 樂

樂

단어 낙원(樂園): 무런 괴로움이나 고통이 없이 안락하게 살 수 있는 즐거운 곳.
낙천(樂天): 세상과 인생을 즐겁고 좋은 것으로 여김.

12 거느릴 령

획순: 丿 亼 亽 今 令 슈 領 領 領 領 領 領

領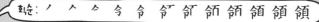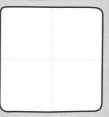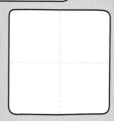

단어 수령(受領): 돈이나 물품을 받아들임.
영토(領土): 국제법에서, 국가의 통치권이 미치는 구역.

68일차

1 근심 우

획순: 一 丆 丙 百 百 百 直 直 憂 憂 憂 憂

  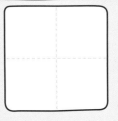 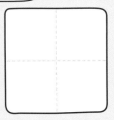

단어
우환(憂患): 집안에 복잡한 일이나 환자가 생겨서 나는 걱정이나 근심.
해우소(解憂所): 근심을 푸는 곳, 절에서 '화장실'을 달리 이르는 말.

2 사나울 폭

획순: 𠀇 旦 昻 昮 昮 昗 昺 暴 暴 暴 暴

  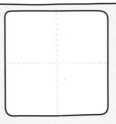 

단어
폭력(暴力): 남을 거칠고 사납게 제압할 때에 쓰는, 주먹이나 발 또는 몽둥이 따위의 수단이나 힘.
폭우(暴雨): 갑자기 세차게 쏟아지는 비.

3 마디 절

획순: 𥫗 𥫗 𥫗 𥫗 𥫗 筲 筲 筲 筲 節 節

  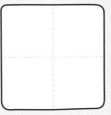 

단어
구절(句節): 한 토막의 말이나 글.
사절(使節): 나라를 대표하여 일정한 사명을 띠고 외국에 파견되는 사람.

4 바탕 질

획순: 厂 厂 斤 斦 所 質

質

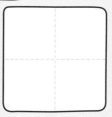
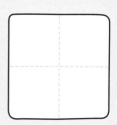

단어 **기질(氣質):** 자극에 대한 민감성이나 특정한 유형의 정서적 반응을 보여 주는 개인의 성격적 소질.
물질(物質): 물체의 본바탕. 또는 '재물'을 달리 이르는 말.

5 이 치

획순: 止 止 止 步 步 齿 齿 齿 齿 齒 齒

齒

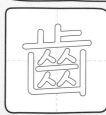
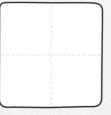

단어 **충치(蟲齒):** 세균 따위의 영향으로 벌레가 파먹은 것처럼 이가 침식되는 질환.
치열(齒列): 이가 죽 박혀 있는 열의 생김새.

6 줄 선

획순: 糸 糸 糸 糽 綧 綧 綧 綧 線 線 線

線

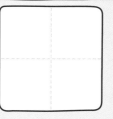
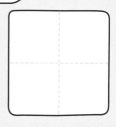

단어 **곡선(曲線):** 모나지 아니하고 부드럽게 굽은 선.
복선(伏線): 소설이나 희곡 따위에서, 앞으로 일어날 사건을 미리 독자에게 암시하는 것.

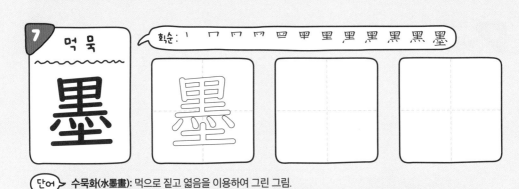

7 먹 묵

획순: 丨 冂 冂 四 匣 里 里 黑 黑 黑 墨

墨

단어 수묵화(水墨畫): 먹으로 짙고 엷음을 이용하여 그린 그림.
근묵자흑(近墨者黑): 먹을 가까이 하면 검어진다는 뜻으로, 나쁜 사람과 가까이 하면 물들게 됨을 이르는 말.

8 책 편

획순: 竺 竺 竺 竿 竿 竿 篏 篏 篇 篇

篇

단어 옥편(玉篇): 한자를 모아서 일정한 순서로 늘어놓고 글자 하나하나의 뜻과 음을 풀이한 책.
장편(長篇): 내용이 길고 복잡한 소설이나 시가 따위를 통틀어 이르는 말.

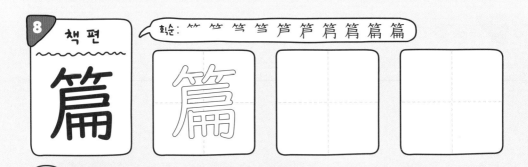

9 덕 덕/큰 덕

획순: 彳 彳 彳 彳 彳 彳 徳 徳 徳 徳 德 德

德

단어 미덕(美德): 아름답고 갸륵한 덕행.
덕망(德望): 덕행으로 얻은 명망.

10 깨끗할 결

潔

획순: 氵 氵 氵 氵 汒 汒 潔 潔 潔 潔 潔 潔

단어 **청결(淸潔):** 맑고 깨끗함.
결백(潔白): 행동이나 마음씨가 깨끗하고 조촐하여 아무런 허물이 없음.

11 어질 현

賢

획순: 丆 丆 臣 臣 臣 臤 臤 賢

단어 **현명(賢明):** 어질고 슬기로워 사리에 밝음.
현자(賢者): 어질고 총명하여 성인에 다음가는 사람.

12 더울 열

熱

획순: 一 十 扌 圥 坴 幸 坴 刲 埶 執 熱

 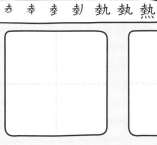

단어 **열중(熱中):** 한 가지 일에 정신을 쏟음.
과열(過熱): 지나치게 뜨거워짐.

1 다음 한자의 뜻을 괄호 안에 넣어, 한자를 완성해 볼까요?

예 大
(큰) 대

1 誠
( ) 성

2 禁
( ) 금

3 價
( ) 기

4 談
( ) 담

5 賢
( ) 현

2 다음 한자의 음을 괄호 안에 넣어, 한자를 완성해 볼까요?

예 大
큰 (대)

6 號
이름 ( )

7 實
열매 ( )

8 增
더할 ( )

9 樂
즐길 ( )

10 齒
이 ( )

3 다음 빈칸에 들어가면 자연스러운 한자를 보기에서 골라 주세요.

> ①義 ②熱 ③種 ④解 ⑤數 ⑥賞 ⑦說 ⑧福

11 조속한 문제 ▮결을 위해 최선을 다했다.　　답:

12 나의 행복이 중요한 만큼 타인의 행▮도 중요하다.　답:

13 선생님이 예를 들어 ▮명해주니 알기 쉬웠다.　　답:

14 6은 3의 배▮이다.　　답:

15 게임에 ▮중한 나머지 숙제도 잊어버렸다.　　답:

4 밑줄 친 한자를 한글로 바꿔 주세요.

> **예** 그는 눈에 잘 띄지 않는 **平凡**한 사람이다.　답:평범

16 길을 가다가 예전에 같은 반이었던 친구와 **遭遇**했다.　답:

17 매일 반성과 자기 **省察**의 시간을 보낸다.　답:

18 사실 **與否**를 확인 후 결정하기로 했다.　답:

19 체력 **增進**을 위해 매일 운동을 하고 있다.　답:

20 나는 비행기를 탈 때 창가 쪽 좌석을 **選好**한다.　답:

69일차

1 저물 모

획순: 艹 艹 芦 芦 苩 莫 莫 慕 慕 暮

暮

  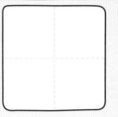 

단어 **일모(一暮)**: 하루의 해 질 무렵.
조삼모사(朝三暮四): 간사한 꾀로 남을 속여 희롱함을 이르는 말.

2 고요할 정

획순: 龶 靑 青 青 靗 靗 靜 靜 靜 靜 靜

靜

 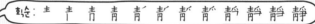  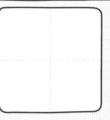 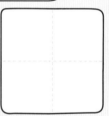

단어 **냉정(冷靜)**: 생각이나 행동이 감정에 좌우되지 않고 침착함.
평정(平靜): 평안하고 고요함.

3 친할 친

획순: 亠 立 立 立 辛 辛 亲 親

親

단어 **친애(親愛)**: 친밀히 사랑함.
친절(親切): 대하는 태도가 매우 정겹고 고분고분함.

4 일 흥

획순:

興

단어 **부흥(復興)**: 쇠퇴하였던 것이 다시 일어남. 또는 그렇게 되게 함.
　　즉흥(卽興): 그 자리에서 바로 일어나는 감흥.

5 배울 학

획순:

學

단어 **견학(見學)**: 실지로 보고 그 일에 관한 구체적인 지식을 넓힘.
　　학연(學緣): 같은 학교 출신의 사람들끼리 맺고 있는 인연.

6 머리 두

획순:

頭

단어 **구두(口頭)**: 마주 대하여 입으로 하는 말.
　　염두(念頭): 마음의 속.

225

69 _{일차}

7 남길 유

획순: ㄱ ㅁ 由 虫 串 串 串 書 貴 遺

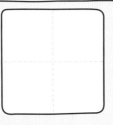

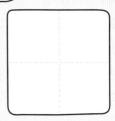

단어　**유산(遺産):** 죽은 사람이 남겨 놓은 재산. 또는 앞 세대가 물려준 사물이나 문화.
　　　유실(遺失): 가지고 있던 돈이나 물건 따위를 부주의로 잃어버림.

8 남을 여

획순: 倉 貪 貪 龡 龡 餘 餘

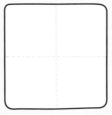

단어　**여분(餘分):** 어떤 한도에 차고 남은 부분.
　　　여지(餘地): 어떤 일을 하거나 어떤 일이 일어날 가능성이나 희망.

9 가릴 선

획순: ㄱ ㄱ ㄹ ㄹㄹ ㄹㄹ 뿌 뿌 뿌 巽 選

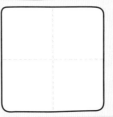

단어　**선정(選定):** 여럿 가운데서 어떤 것을 뽑아 정함.
　　　선호(選好): 여럿 가운데서 특별히 가려서 좋아함.

226

10 나무 수

획순:

단어 **수목(樹木):** 목본 식물을 통틀어 이르는 말.
가로수(街路樹): 거리의 미관과 국민 보건 따위를 위하여 길을 따라 줄지어 심은 나무.

11 다리 교

획순:

단어 **육교(陸橋):** 번잡한 도로나 철로 위를 사람들이 안전하게 횡단할 수 있도록 공중으로 건너질러 놓은 다리.
단교(斷橋): 교제를 끊음. 또는 나라와 나라 사이의 외교 관계를 끊음.

12 등불 등

획순:

단어 **가로등(街路燈):** 거리의 조명이나 교통의 안전을 위하여 길가에 설치에 놓은 등.
전등(電燈): 전기의 힘으로 밝은 빛을 내는 등.

1 홀로 독

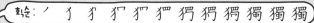
획순: ノ 丿 犭 狆 狆 狆 狆 狆 猸 獨 獨 獨

단어 **독립(獨立):** 다른 것에 예속하거나 의존하지 아니하는 상태로 됨. 또는 독자적으로 존재함.
단독(單獨): 단 한 사람. 또는 단 하나.
(참고) 독일을 獨으로 표기합니다.

2 돈 전

획순: 金 金 釒 錢 錢 錢 錢 錢 錢

  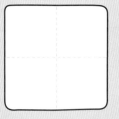 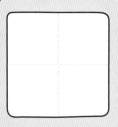

단어 **금전(金錢):** 상품 교환 가치의 척도가 되며 그것의 교환을 매개하는 일반화된 수단.
본전(本錢): 꾸어 주거나 맡긴 돈에 이자를 붙이지 아니한 돈. 또는 장사나 사업을 할 때 본밑천으로 들인 돈

3 모두 제

획순: 言 言 計 計 誄 誄 諸 諸 諸 諸

   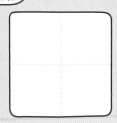

단어 **제군(諸君):** 통솔자나 지도자가 여러 명의 아랫사람을 문어적으로 조금 높여 이르는 이인칭 대명사.
제반(諸般): 어떤 것과 관련된 모든 것.

4 성 성

획순: 一 十 土 圹 圹 圻 坂 城 城 城

단어 **입성(入城):** 상당한 노력 끝에 선망하던 세계나 방면으로 진출하는 일.
성벽(城壁): 성곽의 벽.

5 싸움 전

획순: 罒 甲 甲 甲 單 單 戰 戰 戰

단어 **실전(實戰):** 실제의 싸움.
종전(終戰): 전쟁이 끝남. 또는 전쟁을 끝냄.

6 생각 억

획순: 忄 忄 忄 忄 愔 愔 愔 憶 憶 憶

단어 **기억(記憶):** 이전의 인상이나 경험을 의식 속에 간직하거나 도로 생각해 냄.
추억(追憶): 지나간 일을 돌이켜 생각함.

7 강론할 강

획순: 言 言 言 計 講 講 講 講 講 講

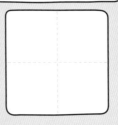
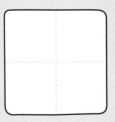

단어 **강당(講堂):** 강연이나 강의, 의식 따위를 할 때에 쓰는 건물이나 큰 방.
강좌(講座): 일정한 주제에 대한 지식을 체계적으로 전달하기 위하여 편성한 강습회, 출판물, 방송 프로그램 따위를 이르는 말.

8 사례할 사

획순: 言 言 言 訃 訃 謝 謝 謝 謝 謝

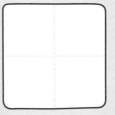

단어 **감사(感謝):** 고마움을 나타내는 인사. 또는 고맙게 여김.
사절(謝絶): 요구나 제의를 받아들이지 않고 사양하여 물리침.

9 응할 응

획순: 广 广 府 府 雁 雁 應

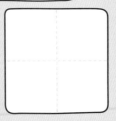
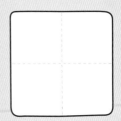

단어 **반응(反應):** 자극에 대응하여 어떤 현상이 일어남.
순응(順應): 환경이나 변화에 적응하여 익숙하여지거나 체계, 명령 따위에 적응하여 따름.

10 소리 성

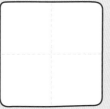

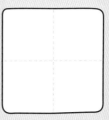

단어 **음성(音聲):** 사람의 목소리나 말소리.
발성(發聲): 목소리를 냄.

11 서리 상

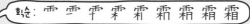

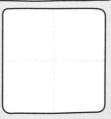

단어 **상강(霜降):** 이십사절기의 하나. 서리가 내리는 시기.
설상가상(雪上加霜): 눈 위에 서리가 덮인다는 뜻으로, 난처한 일이나 불행한 일이 잇따라 일어남을 이르는 말.

12 고울 선

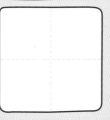

단어 **선도(鮮度):** 생선이나 야채 따위의 신선한 정도.
선명(鮮明): 산뜻하고 뚜렷하여 다른 것과 혼동되지 않음.

71 일차

📖 학습일 ◯월 ◯일

---

1 나라 한 / 한국 한

획순: 卓 龺 幹 幹 韓 韓 韓

  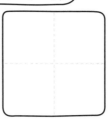 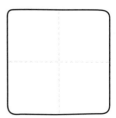

단어 ▶ **한국(韓國)**: '대한민국'을 줄여 이르는 말.
한복(韓服): 우리나라의 고유한 옷.

---

2 예 구

획순: 一 十 卝 芇 芢 萑 萑 萑 舊 舊 舊 舊

   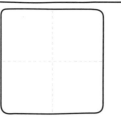 

단어 ▶ **구식(舊式)**: 예전의 방식이나 형식. 또는 케케묵어 시대에 뒤떨어지는 것.
구석기(舊石器): 인류가 만들어 쓴 뗀석기.

---

3 돌아갈 귀

획순: 丨 丿 自 阜 眉 歸 歸 歸 歸 歸 歸

  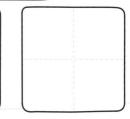

단어 ▶ **귀가(歸家)**: 집으로 돌아가거나 돌아옴.
복귀(復歸): 본디의 자리나 상태로 되돌아감.

4 들 거

획순: ′ ㅏ ㅏ ㅏ ㅏ ㅏ ㅏ ㅏ 與 與 與 擧 擧

 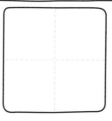 

단어 **선거(選擧):** 일정한 조직이나 집단이 대표자나 임원을 뽑는 일.
거론(擧論): 어떤 사항을 논제로 삼아 제기하거나 논의함.

5 예도 례

획순: ニ ㅜ ㅠ ㅋ 神 神 禮 禮 禮 禮 禮 禮

단어 **답례(答禮):** 말, 동작, 물건 따위로 남에게서 받은 예를 도로 갚음.
예절(禮節): 예의에 관한 모든 절차나 질서.

6 제목 제

획순: ㄲ 日 早 早 是 題

  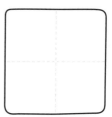

단어 **발제(發題):** 토론회나 연구회 따위에서 어떤 주제를 맡아 조사하고 발표함.
문제작(問題作): 화제나 주목을 불러일으킬 만한 작품.

7 벌레 충

획순: 冂 口 口 虫 虫 蟲

蟲

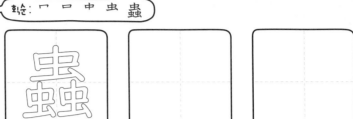

단어 **방충(防蟲)**: 해로운 벌레가 침범하여 해를 끼치지 못하도록 막음.
성충(成蟲): 다 자라서 생식 능력이 있는 곤충.

8 풍년 풍

획순: 丨 丩 丮 ⺕ 非 非 非 非 非 豊 豐 豐

豐

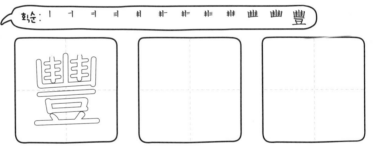

단어 **풍년(豐年)**: 곡식이 잘 자라고 잘 여물어 평년보다 수확이 많은 해.
풍족(豐足): 매우 넉넉하여 부족함이 없음.

9 얼굴 안

획순: 亠 ⺀ 立 产 彦 彦 顔

顔

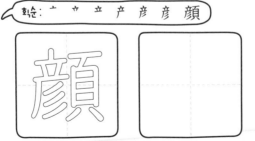

단어 **안면(顔面)**: 눈, 코, 입이 있는 머리의 앞면. 또는 서로 얼굴을 알 만한 친분.
무안(無顔): 수줍거나 창피하여 볼 낯이 없음.

10 의원 의

획순: 一 ｆ 乏 医 医' 医' 医' 医갈 醫

醫

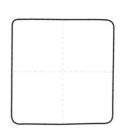

단어 **명의(名醫):** 병을 잘 고쳐 이름난 의원이나 의사.
주치의(主治醫): 어떤 사람의 병을 맡아서 치료하는 의사.

11 약 약

획순: 艹 芍 苩 宿 菌 薇 薍 蕐 藥 藥

藥

 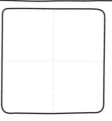 

단어 **투약(投藥):** 약을 지어 주거나 씀.
약물(藥物): 약 성분이 들어 있는 물.

12 재주 예

획순: 一 艹 芏 芙 䒳 莍 薮 蓺 蓺 藝 藝

藝

 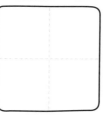 

단어 **예능(藝能):** 연극, 영화, 음악, 미술 따위의 예술과 관련된 능력을 통틀어 이르는 말.
학예(學藝): 학문과 예능을 통틀어 이르는 말

72일차

학습일 ○월○일

1 관계할 관

關

획순: 門 門 門 閂 閈 關 關

단어 **관절(關節)**: 뼈와 뼈가 서로 맞닿아 연결되어 있는 곳.
관심(關心): 어떤 것에 마음이 끌려 주의를 기울임.

2 어려울 난

難

획순: 一 艹 艹 芔 苦 茧 菫 莫 歎 歎 難 難 難

단어 **곤란(困難)**: 사정이 몹시 딱하고 어려움.
난이도(難易度): 어려움과 쉬움의 정도.

3 원할 원

願

획순: 厂 厂 厉 盾 原 原 願

단어 **지원(志願)**: 어떤 일이나 조직에 뜻을 두어 한 구성원이 되기를 바람.
원서(願書): 지원하거나 청원하는 내용을 적은 서류.

4 알 식

획순: 言 言 言 語 語 識 識 識

識

識

단어 **면식범(面識犯):** 피해자와 가해자가 서로 얼굴을 아는 관계인 사건의 범인.
인식(認識): 사물을 분별하고 판단하여 앎.

5 증거 증

획순: 言 証 証 証 証 証 證 證 證 證 證

證

證

단어 **인증(認證):** 어떠한 문서나 행위가 정당한 절차로 이루어졌다는 것을 공적 기관이 증명함.
증명(證明): 어떤 사항이나 판단 따위에 대하여 그것이 진실인지 아닌지 증거를 들어서 밝힘.

6 의논할 의

획순: 言 訂 議 誇 誇 議 議 議

議

議

단어 **논의(論議):** 어떤 문제에 대하여 서로 의견을 내어 토의함.
회의(會議): 여럿이 모여 의논함.

7 권할 권

획순:

勸

 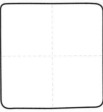 

단어 ▶ **강권(強勸):** 내키지 아니한 것을 억지로 권함.
권고(勸告): 어떤 일을 하도록 권함.

8 다툴 경

획순:

競

 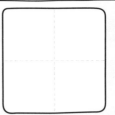 

단어 ▶ **경쟁(競爭):** 같은 목적에 대하여 이기거나 앞서려고 서로 겨룸.
경선(競選): 둘 이상의 후보가 경쟁하는 선거.

9 이슬 로

획순: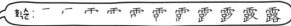

露

 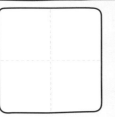 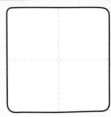

단어 ▶ **노천(露天):** 사방, 상하를 덮거나 가리지 아니한 곳. 곧 집채의 바깥을 이름.
노출(露出): 겉으로 드러나거나 드러냄.

10 엄할 엄

획순: 口口 吅吅 严 严 严 严 严 严 严 严 严 嚴

嚴

단어 ▶ **위엄(威嚴):** 존경할 만한 위세가 있어 점잖고 엄숙함.
　　　엄밀(嚴密): 조그만 빈틈이나 잘못이라도 용납하지 아니할 만큼 엄격하고 세밀함.

11 쇠북 종

획순: 金 釒 釒 鈴 鈴 鍏 鐼 鐘 鐘

鐘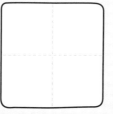

단어 ▶ **초인종(招人鐘):** 사람을 부르는 신호로 울리는 종.
　　　타종(打鐘): 종을 치거나 때림.

12 쇠 철

획순: 金 釒 鈝 鍏 鐼 鐵 鐵 鐵

鐵

단어 ▶ **철칙(鐵則):** 바꾸거나 어길 수 없는 중요한 법칙.
　　　철근(鐵筋): 콘크리트 속에 묻어서 콘크리트를 보강하기 위하여 쓰는 막대 모양의 철재.

239

73일차

1 닭 계

획순: `丶 𝌺 𝌺 𝌺 𝌺 雞 雞 雞 雞 鷄 鷄`

단어 계륵(鷄肋): 닭의 갈비라는 뜻으로, 그다지 큰 소용은 없으나 버리기에는 아까운 것.
계란(鷄卵): 닭이 낳은 알.

2 이을 속

획순: 糸 結 結 結 績 績 續 續

단어 존속(存續): 어떤 대상이 그대로 있거나 어떤 현상이 계속됨.
지속(持續): 어떤 상태가 오래 계속됨. 또는 어떤 상태를 오래 계속함.

3 권세 권

획순: 木 杧 杧 桿 桿 榁 榁 權 權

단어 권력(權力): 알아듣도록 타일러서 힘쓰게 함.
권리(權利): 권세와 이익.

4 기쁠 환

획순: 艹 荅 莭 莔 莔 莑 雚 歡

단어 환호(歡呼): 기뻐서 큰 소리로 부르짖음.
　　　 환대(歡待): 반갑게 맞아 정성껏 후하게 대접함.

5 들을 청

획순: 耳 耳 耳 耵 耵 聰 聰 聽 聽 聽 聽

단어 시청(視聽): 눈으로 보고 귀로 들음.
　　　 청취(聽取): 의견, 보고, 방송 따위를 들음.

6 읽을 독

획순: 訁 計 訃 讀 讀 讀 讀 讀 讀 讀

단어 독서(讀書): 책을 읽음.
　　　 정독(精讀): 뜻을 새겨 가며 자세히 읽음.

7 놀랄 경

획순:

단어
경이(驚異): 놀랍고 신기하게 여김.
경천동지(驚天動地): 하늘을 놀라게 하고 땅을 뒤흔든다는 뜻으로, 세상을 몹시 놀라게 함을 비유.

8 변할 변

획순: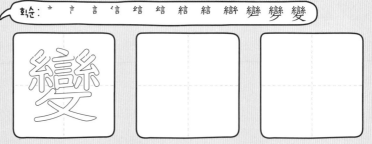

단어
변화(變化): 사물의 성질, 모양, 상태 따위가 바뀌어 달라짐.
변동(變動): 바뀌어 달라짐.

9 몸 체

획순: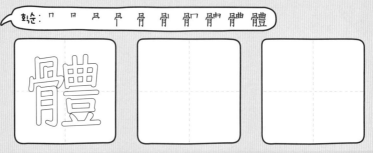

단어
체력(體力): 육체적 활동을 할 수 있는 몸의 힘. 또는 질병이나 추위 따위에 대한 몸의 저항 능력.
체면(體面): 남을 대하기에 떳떳한 도리나 얼굴.

10 바위 암

획순: 严 严 严 严 严 严 严 巌 巌 巌 巌 巌

巖

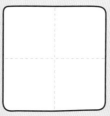

단어 암석(巖石): 지각을 구성하고 있는 단단한 물질. 화성암, 퇴적암, 변성암으로 크게 나눔.
암벽(巖壁): 깎아지른 듯 높이 솟은 벽 모양의 바위.

11 사양할 양

획순: 言 訁 訐 讓 讓 讓 讓 讓 讓 讓

讓

단어 분양(分讓): 전체를 여러 부분으로 갈라서 여럿에게 나누어 줌. 또는 토지나 건물 따위를 나누어 팖.
양보(讓步): 길이나 자리, 물건 따위를 사양하여 남에게 미루어 줌. 또는 남을 위하여 자신의 이익을 희생함.

12 볼 관

획순: 一 十 芏 芏 萑 萑 萑 萑 萑 萑 觀

觀

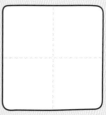

단어 객관(客觀): 자기와의 관계에서 벗어나 제삼자의 입장에서 사물을 보거나 생각함.
직관(直觀): 감각, 경험, 연상, 판단, 추리 따위의 사유 작용을 거치지 아니하고 대상을 직접적으로 파악하는 작용.

243

1 다음 한자의 뜻을 괄호 안에 넣어, 한자를 완성해 볼까요?

예
大
(큰) 대

1
獨
(　) 독

2
顔
(　) 안

3
識
(　) 식

4
聽
(　) 청

5
巖
(　) 암

2 다음 한자의 음을 괄호 안에 넣어, 한자를 완성해 볼까요?

예
大
큰 (대)

6
蟲
벌레 (　)

7
錢
돈 (　)

8
歸
돌아갈 (　)

9
績
이을 (　)

10
觀
볼 (　)

3 다음 빈칸에 들어가면 자연스러운 한자를 보기에서 골라 주세요.

> ①應 ②關 ③願 ④禮 ⑤變 ⑥權 ⑦鮮 ⑧競

11 그녀는 나의 제안에 긍정적인 반◯을 보였다. 답:

12 부모님은 ◯절 교육을 매우 중요하게 여긴다. 답:

13 나는 스포츠에는 전혀 ◯심이 없다. 답:

14 청소년들은 신체적, 심리적으로 급격한 ◯화를 겪는다. 답:

15 치열한 ◯쟁 끝에 살아남았다. 답:

4 밑줄 친 한자를 한글로 바꿔 주세요.

> **예** 그는 눈에 잘 띄지 않는 **平凡**한 사람이다. 답:평범

16 **諸般** 사항에 대한 준비는 모두 마쳤다. 답:

17 약속을 지키는 것을 **鐵則**으로 삼고 있다. 답:

18 결국 **鷄肋**과 같은 자회사를 매각하였다. 답:

19 오랜만에 귀국한 친구를 진심으로 **歡待**했다. 답:

20 서울이 다음 올림픽 개최 후보지로 **擧論**되고 있다. 답:

복습 퀴즈 정답

1단계 순한맛 한자

1일차 ~ 5일차

1
- ❶ 다섯
- ❷ 나무
- ❸ 작을
- ❹ 있을
- ❺ 겨울

2
- ❻ 삼
- ❼ 토
- ❽ 십
- ❾ 남
- ❿ 무

3
- ⓫ 女
- ⓬ 上
- ⓭ 술
- ⓮ 北
- ⓯ 夏

4
- ⓰ 십육
- ⓱ 팔백
- ⓲ 천만
- ⓳ 사억
- ⓴ 칠조

2단계 중간맛 한자

6일차 ~ 12일차

1
- ❶ 힘
- ❷ 흉할
- ❸ 공평할
- ❹ 그칠
- ❺ 바를

2
- ❻ 재
- ❼ 구
- ❽ 견
- ❾ 비
- ❿ 필

3
- ⓫ 4(공부)
- ⓬ 6(사촌)
- ⓭ 8(탈모)
- ⓮ 3(중립)
- ⓯ 1(고백)

4
- ⓰ 과실
- ⓱ 평정심
- ⓲ 척도
- ⓳ 산문
- ⓴ 자회사

13일차 ~ 19일차

1
- ❶ 백성
- ❷ 구슬
- ❸ 도장
- ❹ 먼저
- ❺ 길할

2
- ❻ 타
- ❼ 생
- ❽ 망
- ❾ 호
- ❿ 동

3
- ⓫ 6(영원)
- ⓬ 8(공책)
- ⓭ 4(백미)
- ⓮ 1(주택)
- ⓯ 3(노약자)

4
- ⓰ 고금
- ⓱ 분포
- ⓲ 곡해
- ⓳ 사수
- ⓴ 적자

20일차 ~ 26일차

1
- ❶ 사귈
- ❷ 모양
- ❸ 앉을
- ❹ 달릴
- ❺ 자리

2
- ❻ 인
- ❼ 개
- ❽ 서
- ❾ 성
- ❿ 행

3
- ⓫ 1(소재)
- ⓬ 8(탐구)
- ⓭ 4(이득)
- ⓮ 3(의지)
- ⓯ 7(희망)

4
- ⓰ 조력자
- ⓱ 좌시
- ⓲ 추구
- ⓳ 위상
- ⓴ 지엽

27일차 ~ 33일차

1
- ❶ 푸를
- ❷ 무사
- ❸ 성씨
- ❹ 안을
- ❺ 옷

2
- ❻ 야
- ❼ 점
- ❽ 취
- ❾ 미
- ❿ 유

3
- ⓫ 1(근래)
- ⓬ 2(표면)
- ⓭ 7(폭염)
- ⓮ 5(사실)
- ⓯ 8(봉사)

4
- ⓰ 문명
- ⓱ 가작
- ⓲ 읍소
- ⓳ 고배
- ⓴ 적확

34일차 ~ 40일차

1
- ❶ 생각
- ❷ 소리
- ❸ 한정할
- ❹ 두터울
- ❺ 순수할

2
- ❻ 보
- ❼ 계
- ❽ 약
- ❾ 전
- ❿ 추

3
- ⓫ 8(기대)
- ⓬ 6(반성)
- ⓭ 3(지도)
- ⓮ 5(원칙)
- ⓯ 2(가정)

4 ⑯ 간파
⑰ 습득
⑱ 위력
⑲ 편법
⑳ 태연

3단계 매운맛 한자

41일차 ~ 47일차

1 ❶ 뼈
❷ 글
❸ 인류
❹ 빽빽할
❺ 배

2 ❻ 도
❼ 면
❽ 퇴
❾ 처
❿ 견

3 ⑪ 8(신화)
⑫ 1(세안)
⑬ 4(교훈)
⑭ 3(능력)
⑮ 7(분야)

4 ⑯ 보류
⑰ 차명
⑱ 기시감
⑲ 심심
⑳ 유예

48일차 ~ 54일차

1 ❶ 지을
❷ 아낄

❸ 통할
❹ 장사
❺ 다를

2 ❻ 망
❼ 이
❽ 숙
❾ 접
❿ 등

3 ⑪ 7(참가)
⑫ 3(설치)
⑬ 6(정상)
⑭ 4(감정)
⑮ 8(집합)

4 ⑯ 추종
⑰ 애석
⑱ 입각
⑲ 지양
⑳ 성취

55일차 ~ 61일차

1 ❶ 맺을
❷ 사이
❸ 거리
❹ 착할
❺ 해

2 ❻ 통
❼ 부
❽ 귀
❾ 한
❿ 화

3 ⑪ 8(청춘)
⑫ 5(풍경)

⑬ 3(필기)
⑭ 6(선행)
⑮ 2(도덕)

4 ⑯ 조식
⑰ 흑자
⑱ 갈구
⑲ 경력
⑳ 신의

62일차 ~ 68일차

1 ❶ 정성
❷ 금할
❸ 값
❹ 말씀
❺ 어질

2 ❻ 호
❼ 실
❽ 증
❾ 락
❿ 치

3 ⑪ 4(해결)
⑫ 8(행복)
⑬ 7(설명)
⑭ 5(배수)
⑮ 2(열중)

4 ⑯ 조우
⑰ 성찰
⑱ 여부
⑲ 증진
⑳ 선호

69일차 ~ 73일차

1 ❶ 홀로
❷ 얼굴
❸ 알
❹ 들을
❺ 바위

2 ❻ 충
❼ 전
❽ 귀
❾ 속
❿ 관

3 ⑪ 1(반응)
⑫ 4(예절)
⑬ 2(관심)
⑭ 5(변화)
⑮ 8(경쟁)

4 ⑯ 제반
⑰ 철칙
⑱ 계륵
⑲ 환대
⑳ 거론

산리오캐릭터즈와 함께

매일 쓰는

중학 한자